Mit Kardinal Woelki durch das Jahr

Gott begleitet uns

Mit Kardinal Woelki durch das Jahr

Herausgegeben von
Joachim Opahle

HERDER

FREIBURG · BASEL · WIEN

Vorwort

Die Zeichen der Zeit im Lichte des Evangeliums zu deuten (Gaudium et Spes 4), ist die prophetische Aufgabe aller Christen. Vor allem aber wird von Bischöfen verlangt, dass sie Stellung nehmen zu wichtigen Gegenwartsfragen. Denn von ihnen erwarten nicht nur die Gläubigen Orientierung, auch die Medien richten ihre Aufmerksamkeit zuvörderst auf das, was die Bischöfe sagen.

Kardinal Rainer Maria Woelki hat diese Herausforderung in seiner Zeit als Berliner Oberhirte gerne und engagiert wahrgenommen. Regelmäßig meldete er sich – im Wechsel mit seinem evangelischen Amtsbruder – in der Radio-Kolumne „Wort des Bischofs“ im Rundfunk Berlin-Brandenburg (rbb) zu Wort, immer samstags, zur besten Frühstückszeit. Mehr als 100 000 Hörerinnen und Hörer werden durch diese geistlichen Kommentare zum Zeitgeschehen erreicht.

Aus ihnen ist das vorliegende Buch entstanden. Die Beiträge orientieren sich an den Festen des Kirchenjahrs oder greifen aktuelle Fragen auf, die in Gesellschaft und Kirche auf der Tagesordnung standen und weiterhin von Bedeutung sind. Es geht um den Umgang mit Flüchtlingen, die Nöte von Alleinerziehenden, die Wachsamkeit gegenüber Rechtsradikalen, den Dialog zwischen Christen und Muslimen, um Organspende oder Sterbehilfe. Aber auch um Rücksichtnahme im Straßenverkehr und konkreten Umweltschutz im Alltag. Und für den Fußballfan Woelki nicht zuletzt um die Frage, ob es einen „Fußballgott" gibt.

Lebensnahe Wortmeldungen, konkret und engagiert in der Parteinahme, und zugleich offen für den gesellschaftlichen Meinungsaustausch.

Joachim Opahle
Rundfunkbeauftragter im
Erzbistum Berlin

JANUAR

FEBRUAR

MÄRZ

1

Ein gesegnetes neues Jahr

Menschen sehnen sich nach Segen. Für viele ist die Gesundheit so ein Segen. Manchmal ist der Freund zur rechten Zeit ein Segen; „Dich schickt der Himmel", heißt es dann. Die Liebe ist ein Segen, die Familie, die Beziehungen, in denen wir leben.

Biblischer Glaube ist geprägt von der Überzeugung: Alles Leben ist von Gott gewollt und daher von ihm – im Ursinn des Wortes – gesegnet, gut geheißen. Das lateinische Wort für Segnen ist bene dicere, auf Deutsch: Gutes sagen.

Für die Menschen der Bibel war der Segen so vertraut wie uns der Guten-Tag-Gruß. Sie hatten in ihrer wechselvollen Geschichte erfahren: Der Mensch braucht mehr als das tägliche Brot und den Wein für das Fest, mehr als Sonne und Regen. Das Wohlwollen Gottes und das Wohlwollen der Menschen waren ihnen mindestens ebenso wichtig. Oder sogar das Entscheidende, damit ihr Leben gelingen konnte.

Menschen bitten um den Segen. Fast wie ein scheues Sich-Sehnen-nach-einem-Hauch-von-Heil klingt das.

Jesus Christus hat die Segenszusage Gottes bekräftigt, als er versprach: „Ich bin bei euch alle Tage bis zur Vollendung der Welt." (Mt 28,20) Alle Tage, das heißt: in guten wie in bösen Zeiten, in Freude und Trauer, in Verzweiflung und Schuld. Gott lässt keinen allein.

Diese Zusage Gottes rufe ich mir in Erinnerung, wenn ich um seinen Segen bitte für mich und für alle, die zu mir gehören. Denn gutgeheißen zu sein, gesegnet zu sein bedeutet: Neues kann entstehen, Ungeahntes, sogar Großartiges. Gottes Segen ermöglicht Heilendes und Heiliges.

Was wird es bringen, das neue Jahr? Wir wissen es nicht. Und das ist gut so. Kein Mensch wäre glücklicher, würde er wissen, was ihn erwartet. Eines aber weiß ich: Gott begleitet uns immer und überall mit seinem Segen. Das verspreche ich Ihnen für ein ganzes neues Jahr!

2

Die Sternsinger sind unterwegs

Eine Geschichte aus Berlin-Friedrichshain: Ein junges Paar hat sich dort sein „Nest“ gebaut. Die Frau ist in Bayern aufgewachsen. Sie besteht darauf: Die neue Wohnung muss gesegnet werden. Es ist ja ihr Lebensmittelpunkt, das ersehnte gemeinsame Zuhause nach Elternhaus und Studenten-WG. Also kommt der Pfarrer und schreibt die Jahreszahl sowie die Buchstaben C und M und B an die Wohnungstür. Nur mit weißer Kreide. Trotzdem ruft die Aktion den Hausmeister auf den Plan, und der verlangt: „Die Schmiererei muss weg!“ Die Mieter versuchen, ihm zu erklären, was die Inschrift über der Tür bedeutet und vor allem, was sie ihnen bedeutet. Das ist einigermaßen erfolglos, endet aber gütlich: „Wenn Sie hier wieder ausziehen, kommt das aber weg“, grummelt der Hausmeister.

Ältere Berliner erzählen, die Buchstaben C, M und B über manchen Haustüren würden für „Cäse, Milch und Butter“ stehen, für den Wunsch nach einem gesicherten Lebensunterhalt. Dem ist nicht so. Die drei

Buchstaben stehen für den alten lateinischen Segenswunsch: „Christus mansionem benedicat – Christus segne diese Wohnung". Genau das wollten die beiden Neubürger von Friedrichshain: Sie selbst, ihr Zuhause und alle, die bei ihnen ein- und ausgehen, sollen von Gott gesegnet sein.

Wenn in den nächsten Tagen in unseren Gemeinden die Sternsinger unterwegs sind und die Jahreszahl 2015 sowie C, M und B an die Türen schreiben, dann bringen sie den Segen Gottes in die Häuser und Einkaufszentren, zum Bäcker und zum Bürgermeister. Mit den Spenden, die sie erbitten, werden hilfsbedürftige Menschen, vor allem Kinder unterstützt. Das Dreikönigssingen ist die weltweit größte Aktion von Kindern für Kinder.

Wenn Sie, liebe Leserinnen und Leser, den Sternsingern begegnen – denken Sie an das junge Paar in der neuen Wohnung und an den alten Spruch: „An Gottes Segen ist alles gelegen." Darauf hoffen wir auch im neuen Jahr.

3

Für eine Kultur der Achtsamkeit

Noch ist das neue Jahr jung. Noch wechseln sich die guten Wünsche – also viel Glück und „vor allem Gesundheit“ – mit den guten Vorsätzen ab: weniger rauchen, mehr Zeit für die Kinder, nicht so oft im Internet festhängen und mindestens zweimal in der Woche joggen gehen. Die böse Statistik hält allerdings dagegen: Nur etwa zehn Prozent der Vorsätze überleben den Januar. Das Fleisch ist schwach.

Ich verstehe es als eine Gnade, nicht vorherzusehen, was auf einen zukommt in den kommenden zwölf Monaten. Sicher, Sorgen werden es sein, das ist immer so: Wird das Geld reichen? Bleiben die Mieten bezahlbar? Kann noch mehr Mitbürgern der soziale Aufstieg ermöglicht werden? Bekommen Kinder aus benachteiligten Milieus faire Bildungschancen? Wird die Solidargemeinschaft halten?

Für den Einzelnen können das Schicksalsfragen sein. Und keiner ist davor gefeit, an den Rand gedrängt zu werden, Arbeit, Lohn und Anerkennung zu verlieren. Wahr ist auch, dass wir alle aufeinander angewiesen sind – mitunter mehr, als uns lieb ist. Das gilt für die Familie wie für die Gesellschaft, für die Bewohner der Stadt wie für die Bewohner des Erdkreises: „Urbi et orbi".

Deshalb werbe ich für eine Kultur der Achtsamkeit: Achten wir aufeinander – auf den Nachbarn und den Kollegen, den Obdachlosen vor dem Supermarkt, auf Menschen, die bei uns Schutz suchen. Nehmen wir einander wahr. Wenn uns das gelingt, kann es ein gutes neues Jahr werden – mit menschlicher Wärme und mit göttlicher Hilfe. Denn Gott ist bei uns, er achtet auf uns.

4

„Nie wieder Krieg!" – Beten für den Frieden in den Ländern des Nahen Ostens

„Nie wieder Krieg!“ Mit einem eindringlichen „Ruf zum Frieden“ fordert Papst Franziskus ein Ende der Gewalt. „Krieg führt nur zu Krieg, Gewalt führt nur zu Gewalt, nie wieder Krieg“, rief er auf dem Petersplatz mehreren Zehntausend Menschen zu. „Wie viele Leiden, wie viel Zerstörung, wie viel Schmerz hat der Gebrauch von Waffen über die gemarterten Länder gebracht und bringt es immer noch, vor allem über die wehrlose Zivilbevölkerung“, klagte er. „Ich versichere Euch, dass sich die schrecklichen Bilder der letzten Tage mir ins Gehirn und ins Herz gebrannt haben.“ Mit ebenso viel Nachdruck forderte Papst Franziskus die internationale Gemeinschaft auf, endlich und „ohne weitere Verzögerung klare Initiativen für den Frieden“ zu unternehmen. Denn die Menschheit braucht Gesten des Friedens, sie braucht Worte der Hoffnung.

Eine solche Geste des Friedens ist das Gebet. Ich lade Sie, liebe Leserinnen und Leser, ein, für den Frieden in Syrien und dem Nord-Irak und in allen Kriegsgebieten der Welt zu beten!

Und falls Sie jetzt meinen, diese Einladung beträfe Sie nicht, weil Sie weder katholisch noch überhaupt irgendwie religiös seien – macht nichts, ich lade Sie trotzdem ein: Zünden Sie eine Kerze an für den Frieden in der Welt, schicken Sie den Menschen in den Kriegsgebieten Ihre guten Gedanken. Lassen Sie sich ein auf ein Netz von Friedensinitiativen, das alle Frauen und Männer guten Willens verbindet – die Muslima in Köln, München oder Berlin genauso wie den Papst in Rom.

Die Menschen wollen Gesten des Friedens sehen und Worte der Hoffnung hören. Sie sehnen sich nach dem Lichtermeer brennender Kerzen, und sie vertrauen der Wirkung auch eines stummen Rufs zum Himmel.

Ich wünsche Ihnen einen gesegneten, friedvollen Tag!

5

Keine Furcht vor Fremden

Unser Land nimmt zurzeit so viele Flüchtlinge auf wie seit Jahren nicht mehr, war in der Presse zu lesen. Das löst offenbar Ängste aus. Nachbarn von neu geplanten Flüchtlingsunterkünften protestieren. Rechte Gruppen versuchen, daraus für sich Kapital zu schlagen.

Haben wir Grund, uns zu fürchten? Erinnern wir uns: Vor 20 Jahren lag die Zahl der Menschen, die allein in Westdeutschland Asyl beantragten, fünf- bis zehnmal so hoch wie heute. Auch damals ist unsere Gesellschaft nicht auseinandergebrochen. Aber es wurde hart über das Asylrecht gestritten. Und es wurde verschärft. So sehr, dass die Folgen bis heute zu spüren sind. Wer durch ein anderes EU-Land zu uns kommt, dem gewähren wir keinen Schutz, sondern schieben ihn dahin ab. Weil andere europäische Staaten diesem Beispiel gefolgt sind, sprechen manche von der „Festung Europa“.

Weltweit sind rund 40 Millionen Menschen auf der Flucht. Nur jeder Hundertste schafft es in die „Festung Europa" hinein. Abermals nur ein Bruchteil von ihnen kommt nach Deutschland. Vor ihnen sollten wir uns nicht fürchten. Im Gegenteil: Wir können uns freuen, dass wir in einem Land leben mit stabilen und sicheren Verhältnissen. Einem Land, in dem andere Zuflucht suchen. Und wir sollten stolz sein, dass wir ihnen diesen Schutz bieten können, und unsere Türen wieder weiter öffnen. Das entspricht unserem christlichen und biblischen Bild vom Menschen. Bereits im Alten Testament werden die Israeliten an ihre eigene Flüchtlingserfahrung erinnert und in die Pflicht genommen: „Der Fremde, der sich bei euch aufhält, soll euch wie ein Einheimischer gelten, und du sollst ihn lieben wie dich selbst; denn ihr seid selbst Fremde in Ägypten gewesen."

Ich freue mich, wenn das geschieht. Ich freue mich, wenn Nachbarn eines Flüchtlingsheims sich für die Bewohner engagieren, mit Deutschkursen, Behördenbegleitung oder vielleicht mit einem Chor. Ich freue mich, wenn Forderungen nach fairen Lebensbedingungen eine breite Unterstützung finden. Denn die menschliche Qualität einer Gesellschaft zeigt sich an ihrem Umgang mit den Schwachen.

6

Gewalt von Rechts: Ich dulde keine Stammtischparolen

Viele Migranten beklagen seit langem eine weitverbreitete Ignoranz gegenüber ausländerfeindlichen Übergriffen. Gewaltverbrechen werden „Dönermorde" genannt und damit suggeriert, es handle sich um innertürkische Familienfehden – ist ja schließlich stammtischweit bekannt, dass bei denen die Messer locker sitzen. Und damit geht man zur Tagesordnung über nach dem Motto: Was kümmert mich fremdes Leid?

Doch Wegsehen und Weghören sind gefährlich. Deshalb sind alle demokratischen Kräfte aufgerufen, hinzusehen und Zivilcourage zu zeigen. Zivilcourage, das ist der Mut zu Hause, in unserer Stadt.

Als Erzbischof von Köln solidarisiere ich mich mit jedem Opfer fremdenfeindlicher Gewalt, unabhängig von seiner Religion oder seinem Herkunftsland.

Die Katholische Kirche ist keine deutsche Nationalkirche, sie ist eine Weltkirche. Unsere muttersprachlichen Gemeinden, die es in jeder größeren Stadt gibt, führen uns das sehr lebendig vor Augen. Und in einer weltweiten Kirche kann es keine Ausländer geben. Um die 20 Prozent der Katholiken, die in unseren Großstädten zu Hause sind, sind nicht-deutscher Herkunft. Sind also selbst Migranten – und damit mögliches Ziel rassistisch motivierter Übergriffe, nur weil er – oder sie – vielleicht dunkel getönte Haut hat.

Die Solidarität mit den Opfern rechter Gewalt schließt für mich ein, an einem Klima in der Gesellschaft mitzuwirken, in dem Fremdenfeindlichkeit nicht gedeihen kann, und dafür zu sorgen, dass Christen in ihren Gemeinden und Einrichtungen wachsam sind und „den Anfängen wehren". Ich dulde keine Stammtischparolen, auch nicht in den eigenen Reihen.

Und ich appelliere an alle Menschen guten Willens mit dem Satz, mit dem Papst Johannes Paul II. seine Amtszeit begann: „Habt keine Angst!" Nur wenn wir keine Angst mehr voreinander haben, können wir uns mit Wohlwollen begegnen und Zivilcourage zeigen.

7

Glauben und Vernunft bedingen einander

Bis heute ist es die Grundmotivation von Christen: Menschen ein Angebot zu unterbreiten, das ihnen eine Hoffnungsperspektive schenkt. Es geht um ein echtes „Mehr“, welches sich nicht rein materiell messen lässt. Den Blick offenzuhalten für Gott, für die transzendente Dimension der gesamten Wirklichkeit, bleibt die erste und genuine Berufung von Christen. Sich dabei an alle Menschen zu wenden, liegt begründet im Glauben an einen Gott, der die Sonne über Guten und Bösen – also allen Menschen – aufgehen lässt, sowie in der Verknüpfung von Gottes- und Nächstenliebe. Für Christen gehören beide Dimensionen zusammen, selbst wenn sie hinter diesem Anspruch bisweilen zurückbleiben. Dennoch vertrauen sie, dass die Liebeszusage Gottes allen gilt: „Er will, dass alle Menschen gerettet werden und zur Erkenntnis der Wahrheit gelangen.“ (1 Tim 2,3) Der Heilszuspruch verbindet sich für sie damit ganz konkret mit der Frage nach der Wahrheit.

Ich weiß: Die Frage nach der Wahrheit ist wie die nach der Freiheit eines der ganz großen Themen unserer Geistesgeschichte. Und vermutlich stehen heute beide Gruppen, Gläubige wie Atheisten, vor der gleichen Herausforderung, wie schon Nietzsche spitz bemerkte: „dass auch wir Aufklärer, wir freien Geister des 19. Jahrhunderts, unser Feuer noch von dem Christenglauben nehmen, der auch der Glauben Platons war, dass Gott die Wahrheit, dass die Wahrheit göttlich ist". Und gerade deswegen bleibt es so wichtig, über die großen Fragen der Menschheit miteinander im intensiven Gespräch zu bleiben. Wir Christinnen und Christen tun dies aus der Überzeugung heraus, dass sich in der 2000-jährigen Geschichte des Christentums Antworten auf diese großen Fragen finden, auf die Fragen nach Freiheit, nach Liebe, nach dem Ursprung des Bösen, der Herkunft und dem Ziel des Menschen. Es geht es hier auch um Glaubwürdigkeit und Wahrhaftigkeit – im Dialog mit Wissenschaft, Kunst und Politik; offenbart sich doch die göttliche Vernunft in all diesen Bereichen.

8

Liebe ist niemals für sich allein

In der bevorstehenden Fastenzeit, die am Aschermittwoch beginnt, sind wir alle dazu aufgerufen, die Nächstenliebe und den sich darin zeigenden Gemeinschaftssinn im Alltag zu leben und sie für andere, insbesondere für die Hilfsbedürftigen und in Not Geratenen, erfahrbar zu machen. So wirken wir erfolgreich und überzeugend Egoismen und wachsender Vereinsamung entgegen. Wir sind keine Inselbewohner! Jeder Einzelne von uns ist von Gott gewollt und geliebt. Gott beruft uns zum Miteinander, nicht zum Gegeneinander. Dies gilt für uns Christen genauso wie für unsere vielgestaltige Gesellschaft als Ganzes, damit mitmenschliche Beziehungen nicht für immer auseinanderbrechen.

Liebe ist niemals für sich allein. Der Erste Johannesbrief sagt es geradeheraus: „Gott ist die Liebe, und wer in der Liebe bleibt, bleibt in Gott und Gott bleibt in ihm." (1 Joh 4,16) Weil Gott die Liebe ist, möchte er sich mitteilen und sich an uns verschenken. Wo

Menschen Gottes Liebe in Menschenliebe erfahren, möchte sogar der Suchende, der Fragende, der Kirche vielleicht sogar fernstehende Mensch, Gott begegnen, ihn in der Kirche treffen. Sein Interesse ist geweckt. Ich würde sogar behaupten, er ist ihm in diesen Menschen bereits begegnet. Umgekehrt macht ebenfalls der helfende Mensch diese innige Gotteserfahrung: „Was ihr für einen meiner geringsten Brüder getan habt, das habt ihr mir getan." (Mt 25,40) So laden uns gerade diese Tage der österlichen Bußzeit verstärkt ein, wieder das Antlitz Christi im Gesicht des Mitmenschen zu entdecken und in ihnen Gott zu begegnen.

Ich wünsche uns allen, dass uns der Geist Gottes in diesen Tagen der Fastenzeit innerlich frei mache, unsere Herzen und unser Antlitz erneuere, unsere Freundschaft mit Gott und den Menschen stärke! So erfrischt und verwandelt werden wir die Auferstehung Jesu Christi, Zeichen der Liebe Gottes zu uns Menschen, hoffnungsvoller, fröhlicher und glücklicher erfahren und feiern. Die Fastenzeit lädt uns alle ein, sich für Christus und den Nächsten gleichermaßen zu öffnen!

9

MISEREOR und die Fischerfamilien auf den Philippinen

„Neu denken! Veränderung wagen“ ist das Leitwort der diesjährigen MISEREOR-Fastenaktion. Sie will auf die weltweiten Auswirkungen des sich verändernden Klimas aufmerksam machen. Die negativen Entwicklungen des Weltklimas müssen uns dringend zu neuem Denken anregen; es wird höchste Zeit, Veränderungen anzupacken!

Im Mittelpunkt der diesjährigen Fastenaktion stehen beispielhaft Fischerfamilien, die an den Küsten der Philippinen leben und den Wetterphänomenen besonders ausgesetzt sind. Bitte unterstützen Sie, liebe Leserin, lieber Leser, diese Familien mit Ihrer Teilnahme an der MISEREOR-Fastenaktion. Durch Ihre Hilfe werden diese Familien ihr Leben am Meer weiterführen können.

Denn die Fischerfamilien, die zu den ärmsten Bevölkerungsgruppen auf den Philippinen gehören, sind besonders von den Folgen der Klimaveränderung betroffen und bedroht. Sie müssen nah am Meer leben und sind dadurch den Wetterextremen stark ausgesetzt. Ihr Leben wird zusätzlich erschwert, weil sie immer weniger Erträge beim Fischfang erzielen, denn große Fangflotten dezimieren die Fischbestände in bedrohlichem Umfang. Es ist deshalb nötig, die Fischerfamilien darin zu unterstützen, sich alternative Einkommensquellen zu erschließen unter Bewahrung ihrer Tradition und Identität.

Herzlichen Dank im Voraus für Ihre Unterstützung der diesjährigen MISEREOR-Fastenaktion!

10

Vierzig Tage, die das Leben verändern

Auch wenn schon lange Schoko-Hasen angeboten werden: Noch ist nicht Ostern. Noch leben wir in der Vorbereitungszeit auf das große Fest, und die heißt bei uns Christen österliche Bußzeit oder Fastenzeit. Ostereier passen da noch nicht hinein – wenngleich Fasten mehr ist als der Verzicht auf Süßkram oder Feierabendbier. Wer im religiösen Sinne fastet, will nicht Gewicht loswerden, sondern Seelenballast. Denn das Fasten hilft dem Menschen, seinen Glauben mit neuem Schwung zu leben und bewusst Nächstenliebe zu üben.

Gefastet wurde und wird aus unterschiedlichen Gründen. So rührte die Landgräfin Elisabeth von Thüringen solche Speisen nicht an, die aus ungerechten Einkünften stammten. Mahatma Gandhi fastete um der Unabhängigkeit Indiens willen.

Jesus von Nazaret wurde in die jüdische Fastentradition hineingeboren. Mit Fasten und Beten bereitete er sich auf die entscheidende Wende seines Lebens vor: Ehe er in die Öffentlichkeit trat, zog er sich in die Einsamkeit der Wüste zurück. Dort, so berichtet die Bibel, aß er 40 Tage lang nichts. Er wollte „leer“ sein, selbst-los sein, um Gott zu erfahren (Mk 1,12–13).

Im Hebräischen bedeutet fasten „die Seele beugen“. Das deutet auf Demut hin. Durch Verzicht, Gebet und mit guten Taten wird ausgedrückt: Gott ist immer größer als der Mensch. Um sich das wieder bewusst zu machen, nimmt der Mensch eine Zeitlang sich selbst und seine Wünsche zurück und achtet mehr auf seinen Mitmenschen und dessen Bedürfnisse.

Die Wochen vor Ostern sind ein schöpferischer Einspruch gegen Maßlosigkeit und Oberflächlichkeit. Sie sind eine gute Gelegenheit, mein Leben wieder in Form zu bringen: Was sollte ich weglassen, was korrigieren, was will ich als wesentlich unterstreichen, wovor Abstand halten. So bringe ich mehr Übersicht und neuen Schwung in mein Leben.

Und wo das gelingt, und sei es nur in einem scheinbar winzigen Punkt, da bleibt die echte Osterfreude bestimmt nicht aus.

11

Sehnsucht nach dem Himmel

Eine Frage: Wollen Sie in den Himmel? Ich meine nicht irgendwann, sondern jetzt, sagen wir – heute Abend? Wollen Sie? Ich kann mir denken, wie die meisten auf solch ein Angebot reagieren: „Natürlich will ich in den Himmel, aber doch nicht gleich! Habe noch so vieles zu erledigen." Und außerdem „brauchen mich so viele Menschen, da kann ich mich doch nicht einfach davonstehlen!"

Natürlich wollen alle in den Himmel, doch erst später, dann, wenn das irdische Leben zur Qual geworden ist. Würde es nicht so viel Leid und Not geben im eigenen Leben wie in der Welt und drohte am Ende nicht der Tod, könnte man es hier durchaus „ewig" hier aushalten. Die Dinge, an denen unser Herz hängt – die Familie, der Beruf, die Wohnung – alles, was wir uns aufgebaut haben, wollen wir nicht missen.

Dazu kommt: Wir können uns eine andere Lebenswirklichkeit nur schwer vorstellen. Wir haben ja nur Bilder, die den Himmel skizzieren: zum Beispiel das

Bild von der wunderschönen Stadt, die Gott für uns bereitet hat, oder vom himmlischen Hochzeitsmahl, zu dem wir eingeladen sind. Diesen Bildern gemeinsam ist die Hoffnung: Wir werden die Menschen, die zu uns gehören, die uns lieb geworden sind, wiedersehen. Auch wenn manche von uns früher und manche später durch das Tor des Todes gehen, wir werden – gemessen an der Ewigkeit – nur eine kurze Zeit voneinander getrennt sein. Und alles Elend, das unser Leben belastet – Gebrechlichkeit und Ungerechtigkeit, Unfreiheit und Endlichkeit –, es wird überwunden werden.

Die Botschaft vom Reich Gottes, das kommen wird, von dieser neuen Dimension der Wirklichkeit, ist die großartigste Verheißung, die Jesus Christus uns gegeben hat. In der Bibel heißt es: „Gott wird alle Tränen abwischen. Der Tod wird nicht mehr sein, keine Trauer, keine Klage, keine Mühsal." (Offb 21,4) Ich glaube daran: Das Schönste, das ich mir vorstellen kann, es wird im Himmel noch viel schöner sein.

12

Mehr Aufmerksamkeit für Alleinerziehende

Alleinerziehende Frauen und Männer sind besonders häufig von Arbeitslosigkeit und damit vom Armutsrisiko betroffen. Zu diesem Ergebnis kommt eine Studie im Auftrag der Bertelsmann-Stiftung. Schuld daran seien schlechte rechtliche und familienpolitische Bedingungen. Alleinerziehend bedeutet, ohne greifbaren Partner für alle Verpflichtungen des Alltags zuständig zu sein und zugleich vollen Einsatz im Beruf zu zeigen, also Kindererziehung, Erwerbstätigkeit und Hausarbeit unter einen Hut zu bringen. Jede Kinderkrankheit wird da zur logistischen Herausforderung. Und permanent plagt das schlechte Gewissen, zu wenig Zeit für das Kind zu haben.

Wenn Alleinerziehenden Armut droht, muss sich die Gesellschaft genauer mit deren Lebensumständen beschäftigen. Ihnen mehr Aufmerksamkeit zu widmen, heißt: mehr Achtsamkeit und Flexibilität bei Arbeitgebern, gleicher Lohn für gleiche Arbeit, weniger Bürokratie bei Ämtern, wo sie viel Zeit damit verbringen, Zuschüsse und Entlastungsbeiträge zu beantragen. Zeit, die sie mit ihren Kindern verbringen könnten.

Es reicht jedoch nicht, Alleinerziehende lediglich unter dem Aspekt des Armutsrisikos zu betrachten. Auch in Familien mit einem Elternteil erfahren Kinder Liebe und Geborgenheit, werden positive Haltungen eingeübt, wachsen wertvolle Menschen heran. Jeder, der den Balanceakt zwischen Familie und Berufstätigkeit meistert, darf zu Recht stolz auf sich sein.

Die Kirche begleitet Alleinerziehende, Getrenntlebende und Geschiedene. Zum Beispiel, indem sie ihnen hilft, sich zu vernetzen, um einer sozialen Isolation vorzubeugen. Kirchliche Beratungsstellen organisieren Seminare, Thementage und Wochenend-Freizeiten. Auch Kurse für Großeltern werden angeboten. Sie sind ja mit betroffen, wenn die Tochter oder der Sohn ihr Kind ohne Partner großzieht. Oft sind dann die Großeltern als „Familienfeuerwehr" zur Stelle: herzlichen Dank dafür!

13

Rücksichtnahme kommt an

Radfahren wird immer beliebter. Gerade in der Stadt. Als Weihbischof habe schon in Köln oft das Fahrrad genommen, und in Berlin habe ich das auch getan. Ich brauchte auch kein besonderes Designer-Fahrrad, Hauptsache es fuhr. Für mich ist das Rad ein Gebrauchsgegenstand. Wenn ich die Soutane anziehen musste, weil das ein Termin, zum Beispiel eine Firmung, erforderte, ließ ich es aber stehen, weil es ein Herrenrad ohne besonderen Kettenschutz war. Ich wollte auch nicht den legendären Schauspieler Fernandel nachahmen, der als Don Camillo mit wehender Soutane auf seinem klapprigen Rad durch die Gassen kurvte und damit schneller war als der etwas behäbige kommunistische Bürgermeister Peppone. Doch für kurze Strecken habe ich es genossen, auf dem Fahrradweg an den stehenden Autos vorbeizuziehen in dem Bewusstsein, mich zu bewegen, Wind und Wetter zu spüren, dabei Zeit zu sparen und meinen Kreislauf in Schwung zu bringen.

Für das Fahrradfahren als besonders umwelt- und stadtverträgliche Fortbewegung wünsche ich mir eine Portion mehr Rücksicht aller Verkehrsteilnehmer aufeinander. Damit man sicher mit dem Rad unterwegs sein kann, muss es einerseits eine gute Infrastruktur geben. Andererseits muss aber auch jeder Verkehrsteilnehmer seinen Beitrag leisten durch umsichtiges Verhalten. Dies ist – neben den Fußgängern – besonders für Radfahrer wichtig. Denn ihnen fehlt die schützende „Knautschzone". Und ganz besonders betrifft das die Kinder. Sie sind eben keine kleinen Erwachsenen. Wir Erwachsenen wissen das und sollten danach handeln.

Ich erinnere an einen alten Grundsatz der praktischen Ethik, an die Goldene Regel. Sie ist in vielen religiösen und philosophischen Texten überliefert. Im Neuen Testament heißt sie: „Alles, was ihr von anderen erwartet, das tut auch ihr ihnen." (Mt 7,12) Wenn ich vom anderen also erwarte, dass er mir nicht die Vorfahrt nimmt, nicht drängelt oder mir den Vogel zeigt, dann darf ich das auch meinerseits nicht tun. Respekt und Rücksichtnahme kommen überall gut an. Auch im Straßenverkehr.

APRIL

MAI

JUNI

14

Hoffnung auf die österliche Auferstehung

Persönlich bin ich immer sehr froh, wenn ich rechtzeitig nach einer Reise wieder zuhause bin, vor allem rechtzeitig zur Feier der Karwoche. In Spanien heißt sie die „Semana Santa“, die „Heilige Woche“, was mir besser gefällt.

Es beginnt am Palmsonntag mit dem Jubel der Menge in Jerusalem, „Hosanna dem Sohn Davids!“ so rufen die Menschen Jesus zu. Am Gründonnerstagmorgen werden in den Kathedralen die Heiligen Öle geweiht, mit denen die Täuflinge, die Firmlinge, die Kranken und die Priester gesalbt werden. Der Gründonnerstagabend vergegenwärtigt uns Jesu letztes Abendmahl im Kreise seiner Jünger, und am Karfreitag schweigen Glocken und Orgel und wir erinnern uns an das Leiden und Sterben Jesu Christi.

Ich feiere diese Woche getragen von der Hoffnung auf die österliche Auferstehung, mit der diese Woche ihren Abschluss findet.

Zugegeben, wer die „Heilige Woche“ mitfeiert, verbringt viel Zeit in der Kirche, viel mehr als sonst. Aber es lohnt sich, und es gehört auch alles zusammen: Palmsonntag ohne Karfreitag stimmt nicht und Gründonnerstag ohne Ostern reicht nicht. Ich lade Sie daher sehr herzlich ein: Feiern Sie die „Heilige Woche“ mit und zwar nicht nur einzelne Ausschnitte. Beim Fernseh-Dreiteiler bleiben Sie doch auch dran!

Ich freue mich auf die Prozession am Palmsonntag, auf die Feier des letzten Abendmahls am Gründonnerstagabend. Ich bereite mich vor auf die beeindruckenden großen Fürbitten und die Kreuzverehrung in der schlichten Liturgie am Karfreitag und natürlich auf die Feier der Osternacht mit Osterfeuer, Taufwasserweihe und dem österlichen Halleluja.

Ich wünsche Ihnen eine gesegnete Karwoche!

15

Der Tod hat nicht das letzte Wort

Gestern war Karfreitag, der Todestag des Jesus von Nazaret. Der charismatische Wanderprediger war nach Jerusalem gekommen, und viele Menschen hatten ihm einen triumphalen Empfang bereitet. Doch nicht alle waren begeistert: Jesus von Nazaret hatte Feinde in einflussreichen politischen und religiösen Kreisen, und die wollten seinen Tod. Er wurde verhaftet, angeklagt und durch den Statthalter des römischen Kaisers, Pontius Pilatus, zum Tod verurteilt. Jesus von Nazaret ist am Kreuz verblutet. Er wurde begraben, betrauert – aus der Traum vom Erlöser, vom Messias …

Drei Tage später, am Ostermorgen, da zeigt Gott, dass er da ist: Er lässt seinen Sohn nicht im Dunkel des Todes stecken. Das Grab ist leer. Jesus Christus ist auferstanden, er lebt.

Aus dieser Zumutung für unsere Vernunft wird eine Zuversicht für unsere Existenz: Tod und Auferstehung zeigen: Gott geht über das Leid nicht hinweg, weder über das Leid in den Kriegs- und Krisengebieten noch über das Leid der Opfer von Machtmissbrauch. Und nicht der Tod hat das letzte Wort.

Seit Jesus Christus, der Sohn Gottes, die Nacht der Verzweiflung und des Todes durchlitten hat, braucht niemand mehr zu denken: Der Allmächtige thront irgendwo über dem Universum und lässt mich auf der Erde im Stich. Seit jenem ersten Ostertag der Weltgeschichte gilt: Ich bin nicht allein in meinem Leid und auch nicht angesichts des Elends in der Welt. In Jesus Christus hat das Leben über den Tod triumphiert. Am Ende unseres Lebens, zu guter Letzt, erhalten wir Gottes Unendlichkeit geschenkt. Und die Hoffnung siegt über die Angst.

Ich wünsche Ihnen und Ihren Familien und Freunden ein gesegnetes, frohes Osterfest!

16

Nicht mehr „rette sich, wer kann", sondern „Gott rettet"

Weihnachten feiern alle. Die Erinnerung an den Geburtstag Jesu zieht auch die in die Kirche, die wenig mit ihrer Botschaft anzufangen wissen. Ostern ist das nicht so, da sind die Christen eher unter sich. Der Glaube, dass der am Kreuz gestorbene Jesus auferstanden ist und seine Auferstehung auch unsere Zukunft ist, bleibt vielen fremd.

Ein Pfarrer erzählte einmal von einem Unternehmer, der seiner Kirchengemeinde regelmäßig eine größere Summe Geldes zukommen lässt. Auf seine Frage: „Glaubt der eigentlich an Gott?" erhielt er zur Antwort: „Der glaubt nicht an Gott, aber er fürchtet ihn." Steht dahinter die Angst, es könnte Gott doch geben, und er könnte mich irgendwann zur Rechenschaft ziehen? Schließlich heißt Auferstehung ja nicht „Schwamm drüber" über alle Gräuel der Geschichte, all das Leid, das Menschen einander antun.

Doch nicht die Furcht vor dem richtenden Gott, sondern die Hoffnung auf den rettenden Gott steht im Vordergrund: Gott rettet aus Todesnot. Seit der Auferstehung Jesu gilt nicht mehr „rette sich, wer kann". „Gott rettet" heißt die Botschaft des Ostertages.

Dafür spricht unsere Lebenserfahrung, die besagt: Alles Lebensnotwendige ist Geschenk. Wirklich Wichtiges kann ich weder erarbeiten noch kaufen oder erzwingen – nicht die Liebe, nicht die Hoffnung, nicht das Leben. Der Glaube an die Auferstehung sagt: Zu guter Letzt erhalte ich Gottes Unendlichkeit geschenkt. Und das ist keine billige Vertröstung, es ist die Hoffnung, die auch mich trägt durch die Widrigkeiten und Ängste meines Lebens. Selbst wenn alles vergeht, „die Liebe bleibt" (1 Kor 13,13), heißt es in der Heiligen Schrift. Es ist die unendliche Liebe Gottes, die in Jesus Christus den Tod überwunden hat. Dieses rettende Angebot gilt jedem Menschen, dem, der glaubt wie dem, der zweifelt, fragt und Gott sucht.

Möge Ihnen die Hoffnung auf die Auferstehung immer wieder Lebensmut und Lebensfreude schenken!

17

Wenn Kinder zur Erstkommunion gehen

Das kann man sich heute kaum vorstellen: Im ersten christlichen Jahrhundert zogen die Neugetauften ihre Taufkleider acht Tage lang nicht aus. In der Osternacht waren sie getauft worden, hatten also das weiße Kleid bekommen. Dieses Kleid trugen sie bis zum Sonntag nach Ostern. Alle sollten es sehen und teilnehmen an ihrer Freude, getauft zu sein.

In dieser Tradition wird am Weißen Sonntag oder an den Sonntagen nach Ostern Erstkommunion gefeiert. Wenn Sie also in der Nähe einer katholischen Kirche wohnen, begegnen Ihnen möglicherweise Kinder in weißen Gewändern: Mädchen und Jungen, die zum ersten Mal die heilige Kommunion empfangen. Die weißen Kleider zeigen: Bereits durch die Taufe sind sie mit Jesus Christus in Berührung gekommen. Wenn sie nun die Kommunion empfangen, begegnen sie ihm zum ersten Mal ganz persönlich. Die Kinder wissen: In der Gestalt der kleinen weißen Hostie will Jesus Christus auf ganz einzigartige Weise mit ihnen kommunizieren. Im heiligen Brot können sie ihn berühren, essen, schmecken.

Die Kinder wissen, es geht um den Abend vor seinem Tod, als er mit seinen Jüngern das Paschamahl feierte. Jesus nahm – wie beim Paschamahl üblich – Brot und sprach das vorgesehene Dankgebet. Dann aber fügte er hinzu: „Das bin ich für euch", denn: „Das ist mein Leib". Danach nahm er den Kelch mit Wein, und sagte: „Das ist mein Blut, das für euch und für viele vergossen wird zur Vergebung der Sünden. Tut dies zu meinem Gedächtnis!"

Und seine Jünger tun es, bis heute. Wie Christus damals spricht heute der Priester im Namen und in der Kraft Gottes die Wandlungsworte über Brot und Wein, er bricht das Brot und teilt es aus. Den Jungen und Mädchen, die die Erstkommunion empfangen, wünsche ich, dass sie ein Leben lang in dieser einzigartigen Kommunikation mit Jesus Christus bleiben und Freude am Glauben haben.

18

Mit allen Generationen zusammenleben

Einer der aufregendsten Sätze der Bibel steht auf der ersten Seite, er heißt: „Gott schuf den Menschen als sein Abbild, als Abbild Gottes schuf er ihn, als Mann und Frau schuf er sie.“ (Gen 1,27) Das ist und bleibt revolutionär. Gott lässt sich nicht repräsentieren durch gewaltige Statuen oder durch Tiere, auch nicht durch Könige oder Kriegsherren. Der Mensch ist es, jeder Mensch, Mann wie Frau. Als Ebenbild Gottes sind alle gleich. Keiner ist „gleicher“, keiner wertvoller als der andere. Wer davon überzeugt ist, akzeptiert, dass jeder Mensch diese gottgegebene Würde in sich trägt. Ich habe mir das Leben nicht selber gegeben, es wurde mir geschenkt. Ich darf dieses Geschenk „auspacken“, mich meines Lebens freuen, es gestalten, seine Herausforderungen annehmen und es mit meinem letzten Atemzug Gott zurückgeben.

Dabei wird sehr schnell deutlich, wie sehr der Mensch ein soziales Wesen ist: Ein neugeborenes Menschenkind ist auf die Hilfe der Eltern oder anderer Bezugspersonen angewiesen. Daher ist die Familie die Keimzelle des menschlichen Zusammenlebens. Hier hat die Sorge um den Nachwuchs ihren ersten Ort, ebenso die Pflege kranker und alter Menschen. Denn auch ein Erwachsener ist nicht autonom: Er kooperiert mit dem Wissen und der Arbeit anderer, er braucht Liebe und Zuwendung, um in Würde leben und sterben zu können. Deshalb gilt in einer sozialen Gesellschaft der biblische Grundsatz: „Einer trage des anderen Last." (Gal 6,2)

In unserer Gesellschaft gibt es zahlreiche Initiativen und Projekte, die für mehr Kontakt zwischen den Generationen sorgen: Kooperationen zwischen Kitas und Seniorenheimen, Mehrgenerationenhäuser, Familienpatenschaften oder der soziale Beitrag, den die neue Generation der „jungen Alten", besonders die älteren Frauen, ehrenamtlich leisten. Das Ziel solcher Initiativen: generationsübergreifende Netze spannen und miteinander den Lebensalltag vom ersten bis zum letzten Atemzug menschenwürdig gestalten.

Ich wünsche Ihnen und allen, die zu Ihnen gehören, Jung und Alt, ein freundschaftliches Miteinander!

19

Gott denkt vom Menschen her

Das österliche Halleluja ist die ewige Melodie des Lebens. Diese gleiche, sich verschenkende Liebe hat Gott uns am Tag unserer Taufe geschenkt, um uns zu verwandeln, um uns lebendig zu machen mit ewigem, göttlichem, unsterblichem Leben. Dafür sind wir Zeugen. Das ist das frohmachende, das befreiende Evangelium Gottes für einen jeden von uns, eine Botschaft, die nicht erst am Ende unseres Lebens Bedeutung gewinnt. Denn dieses Evangelium Gottes will schon jetzt, im Heute gelebt und bezeugt werden, im Alltag eines jeden von uns als Christ, im Alltag unserer Gemeinden, im Alltag unseres Bistums, dass Gott die Liebe ist, die Leben schafft. Dieses Evangelium Gottes will hineinwirken in unser Leben, in unsere Entscheidungen, in unser Miteinander, in alles, was unser Leben in Kirche und Gesellschaft ausmacht.

Es erinnert uns: Wir sind gerettet, weil Gott uns liebt. Er hat uns nicht einfach laufen lassen, als wir ihm in unserem Denken, Lieben und Handeln so wenig entsprochen haben. Er ist uns nachgelaufen. Er hat uns nicht totgeschwiegen. Er hat uns angeredet. Er hat sich nicht von uns abgewendet. Er hat sich uns zugewendet. Er ist uns entgegengekommen, persönlich, in seinem Sohn, von sich aus, jedem von uns.

Deshalb können wir nicht mehr fragen, ob ein Mensch unsere Zuneigung, unsere Liebe verdient. Wir können nur fragen, ob er sie braucht. Denn Gott denkt vom Menschen her. Das haben wir als Kirche Jesu Christi heute zu bezeugen.

Wir dürfen einen Menschen nicht mehr bloß nach dem beurteilen, was er getan hat oder tut, sondern danach, wer er ist: Ein von Gott Geliebter und Erlöster. So kostbar ist ein jeder von uns für Gott.

20

Ein neues „Aggiornamento" für den Glauben

Was ist los mit dem Christentum nach 2000 Jahren? Sogar der Papst spricht von einer „tiefen Krise des Glaubens“: Es wird immer weniger über den Glauben gewusst, immer seltener zum Gottesdienst gegangen und immer weniger den Kriterien entsprochen, die man mit dem Evangelium in Verbindung bringt. Das Christentum scheint nach 2000 Jahren – zumindest in Mitteleuropa – keine „Erfolgsgeschichte“ mehr zu sein.

1962, vor über 50 Jahren, hatte Papst Johannes XXIII. das Zweite Vatikanische Konzil einberufen, die größte Versammlung von Entscheidungsträgern in der Menschheitsgeschichte. Seine Ansprache zur Eröffnung der ersten Sitzungsperiode war großartig: Er warnte vor „Unglückspropheten“, die hinter jeder neuen Idee den Untergang des Abendlandes wittern, forderte von den Christen eine fundierte Kenntnis ihres Glaubens, und er ermutigte die Bischöfe, die Türen der Kirchen weit aufzumachen. Um frischen Wind hineinzulassen, und um zusammen mit allen Menschen guten Willens auf dem Weg zu bleiben in dieser so großartigen und so verrückten Welt.

Wenn wir über unseren Glauben nachdenken, geht es darum, die Zeichen der Zeit, ihre Chancen wie auch die Risiken zu erkennen und dabei weder in nostalgisches Seufzen noch in lähmende Angst zu verfallen. Das Glaubensjahr, das wir im letzten Jahr begangen haben, und von dem ich mir wünsche, dass uns die Themen weiter beschäftigen, war ein guter Anlass, sich einzugestehen, selbst mehr Fragen als Antworten zu haben und sich dennoch auf Gott einzulassen. Ihn zu bitten: Ich möchte glauben, komm mir doch entgegen. Ich wünsche mir, das wir dieses offene Nachdenken über unseren Glauben fortsetzen.

Nun könnten Sie einwenden, dass Ihnen ziemlich egal ist, wie es der Kirche 2000 Jahre nach Christus geht, weil Sie ihr nicht mehr so verbunden sind oder ihr auch gar nicht mehr angehören. Ich lade Sie trotzdem ein: Stellen wir uns gemeinsam dieser so großartigen und so verrückten Welt – wie auch der uralten Menschheitsfrage, was oder wer diese Welt „im Innersten zusammenhält".

21

Bedürftige helfen Bedürftigen

Ich möchte Ihnen eine Geschichte erzählen, die sich während meiner Zeit in Berlin ereignet hat, in einem Mietshaus in Nord-Neukölln. Im Erdgeschoß wohnt eine alte Dame, doch von Wohnen kann man eigentlich nicht sprechen. Sie haust zwischen verschlissenen Möbeln, die Tapeten sind vergilbt, der Kühlschrank ist kaputt, Schimmel kriecht die Wände hoch. Professionelle Hilfe für die Sanierung ihrer Wohnung kann sie sich nicht leisten, dafür reicht die Rente nicht. Und auch nicht mehr ihre Kraft.

Was wäre wenn…? Wenn es Menschen gäbe, die ihre Not sehen und handeln? Die alte Dame hatte so einen „Engel von nebenan“: eine Nachbarin. Diese informierte die Mitarbeiter von „Pallotti-Mobil“. Der ungewöhnliche Name steht für ein Nachbarschaftshilfe-Projekt der katholischen Gemeinden Nord-Neuköllns. Das Arbeitskonzept des Vereins heißt: „Bedürftige helfen Bedürftigen“. Dahinter steht die Erfahrung: Jeder Mensch ist bedürftig, und jeder Mensch hat Stärken und Begabungen. Diese sollen entdeckt und für andere genutzt werden.

Das Team von „Pallotti-Mobil“ ist bunt: Hauptamtliche wie Ehrenamtliche, langzeitarbeitslose Frauen und Männer sowie Menschen, die durch Arbeit eine Geldstrafe ableisten, arbeiten zusammen. Durch die gemeinsame Arbeit erfahren sie sozialen Rückhalt und Wertschätzung. Solche Einsätze wie in der Wohnung der alten Dame stärken das Selbstwertgefühl der Pallotti-Mobil-Mitarbeiter. Sie erleben, wie die Menschen sich freuen, denen sie bei Renovierungen, Umzügen oder Entrümpelungen helfen. Das führt zu der Erkenntnis: „Ich kann etwas und helfe anderen mit meiner Tätigkeit. Ich werde gebraucht.“

Kranken, alten und verarmten Menschen sowie von Gewalt betroffenen Frauen wird so eine bessere Wohnsituation ermöglicht. Oft ist es aber noch mehr: Das Pallotti-Mobil-Team holt sie für eine Zeitlang aus ihrer Isolation. Die Hilfeempfänger erleben: „Ich bin nicht allein. Man kümmert sich um mich.“

Was wäre, wenn auch in anderen Städten die Idee „Bedürftige helfen Bedürftigen“ umgesetzt würde?

22

Göttlicher Geist belebt die Christen

Was ist eigentlich Pfingsten? Es gibt einen freien Montag, die einen haben ihren Kurzurlaub gebucht, andere freuen sich aufs Grillen im Garten. Alles gut und schön, doch: Was bedeutet Pfingsten?

Zu Pfingsten hat die Kirche Geburtstag. Die engsten Anhänger des Jesus von Nazaret, die Apostel, saßen in Jerusalem zusammen. So recht trauten sie sich nicht aus ihrem Bau. Sie fürchteten, es könnte ihnen genauso ergehen wie ihrem Herrn, also Verfolgung, Verhaftung, Verurteilung zum Tod.

Doch plötzlich war ihnen, als rüttle sie jemand auf, als sagte ihnen eine innere Stimme: „Habt keine Angst! Öffnet die Türen, geht raus und erzählt allen von dem, was ihr mit Jesus Christus erlebt habt! Er erfüllt euch mit seinem Geist, gibt euch die Kraft, in aller Welt die Frohe Botschaft zu verkünden." Machtvoll wie ein „Feuersturm" kam Gottes Geist auf die Apostel herab. Er schüttelte sie durch, fegte ihre Ängste weg: Sie öffneten die Türen und verkündeten mit Wortgewalt die

„Großtaten Gottes". Denn sie hatten einen neuen, den Heiligen Geist empfangen.

Aus diesem Geist Gottes wird die Kirche geboren. Alles, was Jesus Christus wichtig war und ist, lebt in ihr durch diesen Geist: die Fähigkeit zum Glauben und zum Beten; die Kraft, Zeugnis zu geben für Gott und für das ewige Leben. Der Geist Gottes will, dass Menschen sich öffnen. Er will aufwecken, aufscheuchen, antreiben. Dieser Geist ist zu finden, wo Menschen Lebensmut fassen, wo das offene Wort mehr zählt als die Anpassung an den Zeitgeist, wo Menschen von der Hoffnung reden, die sie leben lässt.

Wo der Geist Gottes Menschen „bestürmt", da gehen Türen auf, Kirchentüren zum Beispiel. Wie in der „Nacht der offenen Kirchen", die es in vielen großen Städten in Deutschland gibt, zu der Christen aller Konfessionen einladen, Kirchen mal wieder von innen kennenzulernen. Konzerte, Kirchturmbesteigungen, Gespräche oder Lesungen werden geboten. Schauen Sie sich die Kirchen in Ihrem Wohngebiet an, lassen Sie den Raum und seine Botschaft auf sich wirken.

Ich wünsche Ihnen allen ein gesegnetes Pfingstfest!

23

Vom Glück der Hoffnung auf Glück

Christen glauben an Gott und deshalb auch an die Auferstehung. Daran, dass der Tod keine Sackgasse ist, sondern eine Tür. Hinter dieser Tür hält Gott ein neues Leben bereit. Noch ist diese Tür angelehnt. Doch durch den Türspalt dringt schon Licht. Es sind die Lichtblicke der „täglichen Auferstehung“: eine erlösende Nachricht, ein unerwartetes Wiedersehen, eine Versöhnung nach langem Streit, die Liebe, die das Herz schneller schlagen lässt. Dann strahlt für Augenblicke der Himmel auf. Und man wünscht, es möge auf ewig so bleiben. Solche Auferstehung vor dem Tod kann jeder erleben. Sie prägt die Vorstellungen von der Auferstehung nach dem Tod. Denn wenn ich einst „in den Himmel komme“ und ich dabei „ich“ bleiben soll, dann muss alles: die Liebe, jede Freude, die Menschen, die zu mir gehören, meine ganze Welt mit mir dorthin kommen.

Zu guter Letzt, wenn die Tür endgültig aufgeht, erhalten wir Gottes Unendlichkeit geschenkt. Auch das entspricht diesseitiger Erfahrung: Alle wirklich wichtigen Dinge im Leben sind geschenkt: Die Liebe kann sich keiner „erwirtschaften“ oder erzwingen. Hoffnung kann man sich nicht einreden, man muss sie sich zusagen lassen, erst dann reißt sie heraus aus Todesangst. Das Leben selbst ist Geschenk. Wir sind von Gott gewollt, wie auch immer wir sein mögen, ob „schräger Vogel“ oder „graue Maus“.

Christen haben das Glück der Hoffnung auf ewiges Glück. Im Neuen Testament heißt es über das Jenseits, Gott werde alle Tränen abwischen. Tod, Trauer, Klage und Schmerz werden nicht mehr sein. Denn Gott macht alles neu. (Offb 21,4ff)

24

Schmerzmedizin finanzieren!

Es ist mit das schwerste, was ich selbst erlebt habe: mit ansehen zu müssen, wie ein Kind an einer tödlichen Krankheit und unerträglichen Schmerzen leidet, wie die Gewissheit des bevorstehenden Todes jede Hoffnung auf Heilung raubt. Es ergibt keinen Sinn, wenn auf einen jungen Menschen, der gerade erst das Leben kennenlernen will, unausweichlich das Sterben zukommt. Das ist schier unerträglich.

Der kleine Junge ist gestorben, ich werde ihn nie vergessen, und seine Mutter, die mit ihm um sein Leben gekämpft hat, auch nicht. Sein Sterben hat mir auch meine eigene Hilflosigkeit vor Augen geführt.

Eine „einfache Lösung" gab es nicht. Und es gibt sie auch dann nicht, wenn Parlamente das Recht auf aktive Sterbehilfe auf Kinder ausweiten, wie beispielsweise das belgische Parlament im vorletzten Jahr.

Ich kann mir vorstellen, dass das selbstbestimmte Sterben auch für einen jungen Menschen als die einzige Möglichkeit erscheint, die unerträglichen

Schmerzen loszuwerden. Schmerzen, die unvorstellbar sein müssen. Fachärzte für Schmerztherapie sprechen im Endstadium mancher Krankheit vom sogenannten „Vernichtungsschmerz". Kinder in einer solchen Situation ernst zu nehmen, kann aber nicht bedeuten, genau das zu machen, was sie sagen und als Wunsch äußern. Auch in einer solchen Situation sollten wir versuchen, ihre Wünsche ernst zu nehmen und zu respektieren. Das heißt nicht, dass ich jedem Wunsch zustimme. Das würde ich ja auch bei gesunden Kindern nicht machen.

Kein Parlament sollte über ein Gesetzgebungsverfahren die „Erlaubnis" zur aktiven Sterbehilfe geben. Parlamente sollten die rechtlichen und finanziellen Rahmenbedingungen schaffen, dass kein Mensch alleine oder schlecht versorgt sterben muss, und erst recht kein Kind!

Bevor wir uns aber über aus meiner Sicht falsche Entscheidungen von Parlamenten empören, müssen wir eine ausreichend finanzierte Schmerzmedizin in Deutschland sicherstellen.

25

Der 17. Juni: Tag der Einheit für ganz Deutschland

Juni 1953. Die knappe Versorgung mit Lebensmitteln, lange Schlangen vor den Geschäften und Stromausfall in der Nacht machen die DDR-Bürger unzufrieden. Als noch dazu die Arbeitsnormen erhöht werden, was einer Lohnkürzung gleichkommt, wächst die Verbitterung. Ausgerechnet die Bauarbeiter der Ostberliner Stalinallee, dem Prestigeobjekt der SED, beginnen zu streiken. Binnen Stunden greift der Protest auf mehr als 700 Orte über; er weitet sich zum Generalstreik und schließlich zum Volksaufstand aus. Nicht einmal vier Jahre nach ihrer Gründung steht die DDR kurz vor ihrem Ende.

Mit Hilfe sowjetischer Panzer kann das SED-Regime den Aufstand niederschlagen, die Rufe nach freien Wahlen und Wiedervereinigung ersticken. Etwa 120 Menschen werden getötet, mehrere hundert verletzt, rund 10000 Personen verhaftet. Und wer aus dem Gefängnis entlassen wird, muss sich verpflichten, über das Erlebte zu schweigen: Die Erinnerung an den 17. Juni 1953 soll ausgelöscht werden.

60 Jahre ist das her. Im Westen Deutschlands diente der 17. Juni zur staatsoffiziellen Mahnung an den Aufstand im Osten. Er wurde zum „Feiertag der deutschen Einheit", und die Bevölkerung fuhr ins Grüne. Die Bedeutung dieses Datums droht in Vergessenheit zu geraten. Das ist fahrlässig, denn: Ohne den Volksaufstand lässt sich die deutsche Geschichte der vergangenen Jahrzehnte nicht erklären. Lässt sich die Fluchtbewegung, die „Abstimmung mit den Füßen", ebenso wenig nachvollziehen wie der Mauerbau, die Verfolgung Andersdenkender, der Widerstand gegen das Regime oder die friedliche Revolution.

Als die Einheit Deutschlands 1990 glücklich erreicht war, wurde der 17. Juni als Feiertag gestrichen und der 3. Oktober zum „Tag der Deutschen Einheit". Wir sollten aber darüber das Gedenken an den Volksaufstand in der DDR nicht vergessen. Denn er war nicht nur ein Protest gegen die ruinöse Wirtschaftspolitik, sondern schon damals ein Ruf nach Freiheit und nach Einheit.

26

Zwei Seiten einer Medaille: Schöpfungslehre und Evolutionstheorie

In den USA wollen fundamentalistische Christen durchsetzen, dass an den Schulen nur noch die biblischen Schöpfungsberichte vermittelt werden, nicht aber die Evolutionstheorien. Dieser Versuch ist lächerlich und traurig, wie alles Reaktionäre traurig ist. Denn Evolutionstheorie und Schöpfungslehre widersprechen sich ja nicht. Es sind lediglich zwei Seiten einer Medaille: In der Evolutionstheorie geht es um das Wie: Wie hat sich das Leben auf der Erde entfaltet? In der Bibel geht es um den Sinn der Schöpfung, um das Warum.

Auf den ersten Seiten des Alten Testamentes wird in wunderbar dichterischer Sprache ausgedrückt, dass Gott am Anfang allen Lebens steht. Er ist der Schöpfer des Himmels und der Erde, von Wasser und Land, von Pflanzen, Tieren und der Schöpfer der Menschen. Heute ist es in Mode gekommen, von „Natur“ zu sprechen, und eher selten von „Schöpfung“. Ich bedauere das. Weil der Mensch sich selber erst gerecht wird, wenn er sich seines Platzes in der Schöpfung bewusst ist. Wenn er sich nicht aufspielt zum Herrn der Schöpfung, sich nicht wie die „Axt im Walde“ verhält. Wenn er sich den Blick für ihre Schönheit und für ihre Ordnung bewahrt.

Arbeitsfreie Tage ermöglichen vielen von uns eine intensive Begegnung mit der Schöpfung – ob beim Picknick am See oder beim Wandern in den Bergen. Genießen Sie die freie Zeit am Wochenende oder in den Ferien, lesen Sie mit der angemessenen Portion Ehrfurcht im „Buch der Schöpfung“. Vielleicht gewinnen Sie ja beim Staunen über Gottes schöne Welt jene Gelassenheit, die einem im Alltag oft abhandengekommen ist.

Der meditative Zugang zur Schöpfung kann auch helfen, die Verantwortung des Menschen für seine Umwelt neu zu sehen. Wer sich auf Gott als den Schöpfer besinnt, wird die Schöpfung nicht missbrauchen und vernutzen. Er wird auf seine Mitgeschöpfe achten und sie schützen – ganz im Sinne Gottes, des Schöpfers.

JULI

AUGUST

SEPTEMBER

27

Schöne Ferien für jedes Kind

Immer mehr Großstadtkinder waren noch nie im Freibad oder im Zoo, weil ihren Eltern das Geld fehlt für die Eintrittskarte. In Deutschland leben über 2,5 Millionen Kinder in Einkommensarmut, also in finanziell angespannten Verhältnissen; schlichter ausgedrückt: Sie sind arm und damit arm dran. Tagtäglich haben es die Mitarbeiter der Caritas mit benachteiligten Kindern zu tun, auch während der Schulferien. Sie laden zum Beispiel zum Ferienfrühstück ein, weil sie feststellen: Immer mehr Mädchen und Jungen gehen morgens hungrig aus dem Haus. Für die kindliche Entwicklung ist das nachteilig, wie man weiß.

Oder die Sozialarbeiter und ihre ehrenamtlichen Helfer sorgen dafür, dass Kinder aus sozial schwachen Familien auch in der schulfreien Zeit ein warmes Mittagessen bekommen. Auch das ist in vielen Familien nicht mehr selbstverständlich. Beim „Kindermittagstisch" dürfen die Kinder beim Kochen helfen, sie decken den Tisch und stellen fest, dass ein gesundes Essen sogar lecker schmecken kann. Oder dass es schön ist, wenn alle gemeinsam mit dem Essen beginnen und aufeinander achten. Sie erleben, dass Essen und Trinken mehr sein kann als bloße Energiezufuhr. Darüber hinaus haben die Mädchen und Jungen in den Caritaseinrichtungen die Möglichkeit, bei Sport- und Musikkursen mitzumachen oder an Tagesausflügen teilzunehmen. Die Ferienaktivitäten kosten den Eltern nichts. Deshalb ist die Caritas auf Spenden angewiesen.

Der aktuelle Kinder- und Jugendbericht der Bundesregierung zeigt, dass in den letzten Jahren die Vernetzung zwischen Eltern und öffentlichen Institutionen wie Kindertagesstätten oder Schulen gestärkt werden konnte: Die Eltern müssen dabei unterstützt werden, um für ein gesundes Aufwachsen ihres Nachwuchses sorgen zu können. Damit Kinder, deren Alltag grau ist, erleben können: Die Welt ist bunt, und sie hält viel Schönes für sie bereit.

Ich wünsche allen Kindern schöne Ferien!

28

Damit die „schönsten Wochen" im Jahr gelingen

Wenn es um die „schönsten Wochen“ im Jahr geht, herrscht bei den Deutschen eine Art Glückszwang. Der Urlaub muss schön werden. Er soll liefern, was zu kurz kommt im Jahr: Erholung, Harmonie, Glück. Aber: Nur etwa 40 Prozent der Urlauber erholen sich tatsächlich, hat eine Umfrage ergeben. Jeder Fünfte schilderte den letzten Urlaub als „sehr anstrengend“, jeder Zehnte fand ihn „langweilig“, und in vielen Familien gab es öfter Streit. Vater zieht es an den Pool, Mutter möchte Kultur und erwartet, dass sich der Mann endlich einmal pädagogisch wertvoll um den Nachwuchs kümmert. Doch der will lieber Zeitung lesen, und die Kinder quengeln, sie wollen an den Strand und nicht ins Heimatmuseum und abends nicht ins Bett.

Ferienzeit ist oft Krisenzeit für die Beziehung: Statt bei romantischen Strandspaziergängen die gegenseitige Liebe zu erneuern, liefern sich die Partner heftige Wortgefechte. Um dem vorzubeugen, hilft es, sich bereits vor der Reise zusammenzusetzen, um die Erwartungen aneinander und an den Urlaub auszusprechen und Kompromisse zu finden. Das gilt auch für die Wünsche nach Gemeinsamkeit. Urlaub bedeutet ja meist, man ist plötzlich rund um die Uhr zusammen und das auf engstem Raum. Da will Nähe wohl dosiert werden.

Damit behaupte ich nicht, dass der moderne Mensch Nähe nicht mehr verträgt oder kein Bedürfnis nach ihr hat – im Gegenteil. Deshalb kann die Ferienzeit auch eine Gnadenzeit für die Beziehung sein. Geschenkte Zeit, um einander mit den Augen des Herzens anzusehen, in Ruhe ins Gespräch zu kommen, sich bewusst an den Händen zu fassen und trotz aller Differenzen einander versichern: „Ich bin bei Dir."

Ich wünsche Ihnen und allen, die zu Ihnen gehören, eine frohe Ferienzeit, gute Reise und eine glückliche Heimkehr!

29

Der Urlaub ist die Zeit des Kirchgangs

Der Urlaub ist die Zeit des Kirchgangs. Junge und Alte, Fromme und Unfromme genießen die andächtige Stille in den schummrigen Hallen. Kerzen brennen in den Nischen der Seitenschiffe. Eltern mit ihren Kindern, Liebespaare Hand in Hand schauen und staunen. Glückliche und Unglückliche, Gesunde und Kranke sehen sich im Sonnenlicht, das durch die Fenster flutet und sich in den Farben des Regenbogens bricht. Ob himmelstürmende gotische Kathedrale, üppig barocke Klosterkirche oder reetgedeckte Kapelle am Strand – im Urlaub ist die Hemmschwelle, eine Kirche zu betreten, niedrig.

Die meisten Besucher kommen nicht zum Gottesdienst, sondern um die Kirche zu besichtigen. Schließlich preist jeder Reiseführer Kirchen als touristische Attraktionen an. Und das stimmt ja auch: Kirchen sind Sehenswürdigkeiten. Sie sind des Sehens würdig. Eine Kirche ist die sichtbare Hülle für die unsichtbare Welt. Die Alten haben sie das Zelt Gottes unter den

Menschen genannt. Eine Kirche ist ein Abbild des Himmels, ein irdischer Raum für Gott. Ihm wollen sie ein würdiges Haus sein, daher ihre Pracht und Schönheit. Kirchen sollen Sehenswürdigkeiten sein, sie sind es nicht erst durch ihr Alter oder den berühmten Architekten geworden.

Ich lade Sie ein: Gehen Sie im Urlaub in die Kirche. Lassen Sie sich bergen im Halbdunkel des weiten Raumes, genießen Sie den Duft von Kerzen und Weihrauch, die Kühle und die Stille. Kirchen flüstern aus allen Steinen von einer anderen Welt. Erzählen von der verborgenen Anwesenheit Gottes. Sie bringen die eigenen Gedanken an Gott ganz leise und unaufdringlich zum Schwingen. Probieren Sie es aus!

30

Umweltschutz ist ein biblischer Auftrag

„Macht euch die Erde untertan“, heißt es im biblischen Schöpfungshymnus. Dieser Auftrag Gottes wurde im Laufe der Menschheitsgeschichte oft so interpretiert: „Herrscht über die Schöpfung, beutet sie aus für den wissenschaftlich-technischen Fortschritt und die maximale Bedürfnisbefriedigung.“ Das war ein böses Missverständnis. Denn Gott hat seinen Auftrag, die Erde zu gestalten, in der Form eines Segens erteilt; nicht als Freibrief, alles hemmungslos zu gebrauchen und zu verbrauchen.

Nach der Vorstellung des Schöpfers soll der Mensch nicht Zerstörer der Natur sein, sondern ihr Hüter. Daraus folgt: Die Ethik muss den Vorrang vor der Technik haben. Wenn ich allerdings lese, wie Energiekonzerne die Klimaschutzziele der Bundesregierung abschmettern wollen, muss ich sagen: Manche gehen mit der Erde um, als hätten sie noch eine zweite im Kofferraum. Auch das ein böses Missverständnis: Gerade weil wir um die Kreatürlichkeit des Menschen wissen, heißt unsere Aufgabe, mit jeder Kreatur achtsam umzugehen. Das ist oft mühsam, doch alles Große fing mal klein an.

Franziskus von Assisi, der Patron des Umweltschutzes, war allein, als er begann, einen anderen Weg zu gehen als die Mehrheit. Aber er blieb es nicht. Obwohl er nach eigenen Angaben nie die Absicht hatte, einen Orden zu gründen, scharten sich bald die ersten Brüder um ihn, die auf einem Gelände um die Kirche von Rivotorto in der Nähe von Assisi in einer einfachen Hütte lebten. Im Jahr 1209 ging Franz mit seinen ersten zwölf Gefährten nach Rom, um von Papst Innozenz III. die Bestätigung der Lebensweise ihrer kleinen Gemeinschaft zu erbitten – der Beginn einer großen Ordensbewegung, die die Welt verändert hat! Franz von Assisi hat in vielen seiner Erzählungen und Predigten die Gleichheit von Mensch und Tier erwähnt. Deshalb gilt er als einer der ersten Tierschützer in der Geschichte. Ihm zu Ehren wird der Welttierschutztag an seinem Todestag, dem 4. Oktober, begangen. 1980 ernannte Papst Johannes Paul II. Franz von Assisi zum Schutzherren von Umwelt und Ökologie.

31

„Großmutter, erzähl von früher!"

Herzlichen Glückwunsch allen, die Anna oder Joachim heißen: Sie haben an diesem Sonntag Namenstag. Anna und Joachim sind die Eltern der Gottesmutter Maria, also die Großeltern des Jesus von Nazaret.

Denke ich an meine Großeltern, stelle ich mir manchmal vor, wie es wohl im Haus von Anna und Joachim zugegangen sein mag. Bestimmt konnte Joachim stundenlang mit seinem Enkel durch die Gegend streifen, ihm erklären, wie man Tierspuren deutet oder mit ihm Hütten aus Ästen und Laub bauen. Und wenn sie dann heimkamen, duftete es schon im ganzen Haus nach dem Fladenbrot, das Anna gebacken hatte. „Erzähl' von früher", wird Jesus die Großmutter gebeten haben. Wie das so zuging, als seine Mutter Maria noch ein Kind war. Familiengeschichten, wie sie von Generation zu Generation tradiert werden.

Für Anna und Joachim waren es gewiss gute Zeiten, als der Junge bei ihnen in der Küche saß, Kuchenteig naschte und die Großeltern ihm erklärten, was Brauch ist in Israel, wie eine jüdische Familie lebt und wie es recht ist zu leben.

Später werden sie auch Angst um ihren Enkel gehabt haben. Dann nämlich, als sie nur wenig von ihm selbst, umso mehr aber Gerüchte über ihn hörten. Über den Rabbi, der predigend durchs Land zog, den die einen liebten und die anderen hassten.

Anna und Joachim – Großeltern, wie sie sich jedes Kind wünscht: mit einem weiten Herzen, einer großen Portion Gelassenheit und mit jeder Menge Zeit, die sie den Enkeln schenken. Gerade Kinder, die in der Pubertät stecken, sind gern mit Oma und Opa zusammen. Bei der Oma kann die Enkelin auch mal klagen über das gefühlte Unverständnis der Mama, die der Tochter nicht erlaubt, was angeblich „alle anderen" aus der Klasse dürfen.

Ganz klar: Die Erziehungsverantwortung liegt bei den Eltern. Doch auch sie dürfen gelegentlich bei den Großeltern Rat suchen. Und bei allem muss es um das Wohl des Kindes gehen. Dieser Grundsatz gilt für Eltern wie für Großeltern.

32

Edith Stein: Die Nonne mit dem Judenstern

Als Edith Stein, die „Nonne mit dem Judenstern", heiliggesprochen wurde, war das ein Ereignis von Weltrang. Hierzulande ist die Bedeutung der Ordensfrau, die in Auschwitz ermordet wurde, weniger präsent: „Edith Stein? Wer war das doch gleich?" Beantwortet wird die Frage in einem Buch – für Kinder*: Da heißt es: „Am 12. Oktober 1891 wurde ich als Tochter des Kaufmanns Siegfried Stein und seiner Frau Auguste in Breslau geboren. Ich bin preußische Staatsangehörige und Jüdin." So stellt sich Edith Stein den jungen Lesern vor. Doch bereits als Vierzehnjährige versteht sie sich als Ungläubige: „Ich habe mir das Beten ganz bewusst und aus freiem Entschluss abgewöhnt", erklärt sie. Nach dem Abitur studiert sie Philosophie bei Edmund Husserl. Die Begegnung mit dem genialen Denker konfrontiert sie erneut mit dem Glauben. Die Jüdin studiert das Neue Testament und trifft ihre Entscheidung: Sie bittet um die Taufe.

* *Zitate aus: Edith Stein. Ein Bilderbuch von Lukas Ruegenberg. Erzählt von Carla Jungels. Kevelaer 1997*

Edith Stein wird Dozentin am Deutschen Institut für wissenschaftliche Pädagogik in Münster. Nach 1933 verliert sie diese Stellung. Innerlich wird sie nun einen anderen Weg geführt: Sie tritt in den Orden der Karmelitinnen ein. Unter dem Kreuz versteht sie das Schicksal ihres jüdischen Volkes. Sie will es auf sich nehmen. Um ihre Kölner Mitschwestern nicht zu gefährden, wechselt sie in ein Kloster im niederländischen Echt.

Als deutsche Truppen 1940 die Niederlande besetzen, wird die Ordensfrau verhaftet. In dem Kinderbuch heißt es: „Schwester Edith denkt daran, dass auch Jesus Jude war und freut sich, zu seinem Volk zu gehören. Eines Sonntags wird in allen Kirchen Hollands ein Brief vorgelesen. Die Bischöfe schreiben, dass Hitler den Juden sehr viel Böses antut. Sie fordern ihn auf, alle Juden in Ruhe zu lassen. Schwester Edith und die anderen Juden freuen sich. Hitlers Anhänger aber sind wütend. Am folgenden Sonntag kommen Männer in SS-Uniform ins Kloster und verhaften Schwester Edith. ‚Ich gehe für mein Volk. Macht euch keine Sorgen', sagt sie." An ihrem Todestag, dem 9. August, wird weltweit der heiligen Edith Stein gedacht.

33

Zum Beginn des neuen Schuljahres

Die – natürlich viel zu kurzen – Sommerferien gehen zu Ende. Am Montag beginnt in einigen Bundesländern das neue Schuljahr. Die ABC-Schützen haben meist ihren ersten Schultag eine Woche später. Wenn ich an meine Schulzeit zurückdenke, fallen mir so einige Wünsche ein für Schüler wie für Lehrer und für unser Bildungssystem: Ich wünsche mir, dass alle Kinder gern und ohne Angst zur Schule gehen. Dass sie Zuwendung erfahren, gestärkt und ermutigt werden.

Ich wünsche mir genügend Lehrer und Erzieher, damit jedes Kind gesehen und beachtet werden kann, auch die stillen und schüchternen in der Klasse. Damit dem Mobbing Einhalt geboten wird.

Ich wünsche mir Pädagogen, die ihren Schülern all das beibringen, was wichtig ist im Leben, die sie unterstützen und ihnen beistehen, wenn sie Kummer haben oder in scheinbar auswegloser Situation stecken. Damit die Heranwachsenden begreifen, dass soziale

Kompetenz noch wertvoller ist als eine gute Zensur in Mathe.

Ich wünsche mir, dass die Schüler lernen, Zusammenhänge zu begreifen und Freude daran haben, sich ein Thema mit unterschiedlichen Methoden selbst zu erarbeiten. Damit sie neugierig bleiben und Hunger haben auf „mehr“.

Ich wünsche mir Erwachsene, die mit Freude an einer Schule tätig sind, die zusammen mit den Kindern Spaß haben können und erkennen, wie viel Potential in jedem Kind steckt. Damit jedes Kind seine Talente entfalten kann und Inklusion selbstverständlich wird.

Ich wünsche den Kindern, die in diesem Jahr in die erste Klasse kommen und schon ganz gespannt darauf sind, liebevolle Mitschüler, die sich mit ihnen über all das Neue freuen, das ihnen begegnet, ihnen helfen beim Zurechtfinden in der neuen Umgebung und die sie trösten, wenn nicht alles auf Anhieb gelingt.

Vor allem aber wünsche ich allen Schülern, allen Lehrern und Erziehern sowie den Eltern von Herzen Gottes Segen für das neue Schuljahr!

34

Es gibt keinen „Fußballgott"

Erinnern Sie sich noch an das Auftaktspiel Polen gegen Griechenland bei der Fußball-Europameisterschaft 2012? Der polnische Torwart wird vom Platz gestellt, ein neuer Torwart muss den Elfmeter parieren. Der Neue geht auf den Platz, kniet sich hin, mit dem Blick ins Tornetz, bekreuzigt sich, steht auf, dreht sich um – und hält den Elfmeter!

Ja, gibt es doch einen „Fußballgott"? Ich denke, den haben Journalisten erfunden: Sportreporter brauchten eine „höhere Macht", um eine Niederlage zu erklären oder die Gnade eines überraschenden Siegs. Und in der Tat benehmen sich Fußballfans ja manchmal wie Gläubige: Sie pilgern zu ihrem Wallfahrtsort, zum „heiligen Rasen". Lieder werden gesungen, Sprechchöre sorgen für ein stärkendes „Wir"-Gefühl. Auch die Bekleidung ist ritualisiert: Man trägt Landesfarben. Und dann die Fahnen! Fahnen gehören seit dem Mittelalter zum feierlichen Gottesdienst. Dann, endlich, findet das Spiel statt. Wie jede ordentliche Liturgie beginnt es mit Gesängen, mit den Nationalhymnen zum Beispiel. Und wenn die eigene Mannschaft gewonnen hat, ziehen ihre Anhänger mit dem Gefühl davon, mit Gnade reich beschenkt worden zu sein.

Ein Fußballspiel löst starke Emotionen aus. Es reißt aus dem Alltag heraus, stiftet Gemeinschaft und funktioniert nach Riten, die denen einer Religion ähneln. Doch Fußball ist keine Religion. Ich kann mitfiebern und mitjubeln – den tieferen Sinn des Spiels erklären weder Sportkommentatoren noch die Fifa; das Jenseits wird nicht verheißen. Die Welt verändern können die Spiele auch nicht, wohl nicht einmal in Ländern, wo die Herrschenden wenig von politischen Spielregeln halten, wie sie im Westen Europas gelten. Auch wenn sich beim Spiel der Einzelne für die Mannschaft opfert: Es gibt weder Gnade noch Erlösung, sondern Sieger und Verlierer, wie an der Börse oder in der Wirtschaft.

Nein, einen „Fußballgott" gibt es nicht. Sondern allein den einen Gott über allen. Diesem Gott sind alle kostbar – Sieger wie Verlierer.

Ich wünsche Ihnen Freude an guten Spielen, und sollte Ihr Favorit unterliegen: Nehmen Sie's sportlich!

35

Organspende muss freiwillig bleiben

Die Deutschen spenden weniger Organe. Die Zahl der Organspenden sinkt stetig. Ich kann mir vorstellen, wie bitter es ist, als Kranker Jahr um Jahr auf ein Spenderorgan zu warten. 12000 Menschen in Deutschland geht es so, sie brauchen eine neue Niere oder ein neues Herz. Täglich sterben durchschnittlich drei von ihnen. Weil sie nicht mehr warten konnten.

Die Organspende ist ein Akt mitmenschlicher Solidarität über den Tod hinaus. Wer sich dazu bereit erklärt, sagt: Wenn mein irdisches Leben unwiderruflich zu Ende ist, und ich dennoch einem anderen helfen kann zu leben, dann will ich dem zustimmen, und zwar zu Lebzeiten.

Doch immer noch sind es zu wenige, die einen Organspendeausweis haben. Deshalb wird politischer Druck ausgeübt, das „Spenderaufkommen" zu erhöhen. Es wird suggeriert: Wenn du nicht bereit bist, nach deinem Tod deine Organe weiterzugeben, bist du kein guter Mensch. Das ist unmoralisch: Organspender und -empfänger dürfen nicht gegeneinander ausgespielt werden. Die Entscheidung für oder gegen Organspende muss dem Einzelnen beziehungsweise dessen Angehörigen überlassen bleiben. Eine gesetzliche Pflicht, sich zur Spendenbereitschaft zu äußern, darf es demnach nicht geben.

Ich sehe die Not all derer, die auf ein Spenderorgan angewiesen sind. Ich kann aber auch verstehen, wenn ein hirntoter und beatmeter Mensch nicht als Toter begriffen wird: weil er noch gut durchblutet und warm ist und sein Herz noch schlägt. Ist der Hirntote bereits ein Leichnam oder erst ein Sterbender? Beschleunigt die Organentnahme möglicherweise den „Ganztod"? Und ist das Gehirn das entscheidende Organ für das Menschsein? Fragen, die nach Antworten von Justiz, Medizin, Ethik und philosophisch begründeter Theologie verlangen. Ich halte daher eine transparente Debatte über den Todeszeitpunkt des Menschen für dringend geboten – gerade im Interesse derer, die auf ein Spenderorgan warten.

36

Erinnern und Beginnen

„Immer“ vergessen Ehemänner den Hochzeitstag, heißt es. Vielleicht sind Männer ja tatsächlich vergesslicher als Frauen und sollten daher rechtzeitig erinnert werden. Denn Jahrestage sind wichtig. Sie unterbrechen den Alltag, die Routine, zu der auch so Kostbares wie eine Partnerschaft werden kann. Manche Familien funktionieren wie kleine Unternehmen: Alles ist durchorganisiert, jeder spielt seine Rolle – doch mit einem verregneten Sonntagnachmittag weiß man nichts anzufangen, jedenfalls nicht miteinander. Am Anfang sah das doch ganz anders aus, damals, als Sie Ihrem Liebsten Treue in guten wie in bösen Tagen versprochen haben.

Jubiläen erinnern an den Beginn des gemeinsamen Weges. Vielleicht sind bei Ihnen fünf, 25 oder 50 Jahre vergangen seit jenem Versprechen gegenseitiger Liebe. Vieles, wovon Sie geträumt haben, ist in Erfüllung gegangen, ich wünsche es Ihnen; manches blieb unerfüllt. Das Gelingen einer Ehe hängt ja nicht allein von den Anstrengungen der Partner ab. Sie brauchen Unterstützung von guten Menschen und – Unterstützung von Gott. Ich lade Sie ein, diese Woche zu einer Woche des Erinnerns und des gemeinsamen neuen Anfangs zu machen – mit dem Segen Gottes.

Menschen sehnen sich nach Segen. Ein Beispiel: Ein Paar, seit 15 Jahren zusammen, erzählt, sie hätten es seit geraumer Zeit schwer miteinander: Die halbwüchsigen Kinder sorgten für den „alltäglichen Wahnsinn", der Mann war arbeitslos geworden, reagierte aggressiv, die Frau eher depressiv. Die beiden hatten sich für eine Paartherapie entschieden, um sich wieder verstehen zu lernen. Der Familientherapeut hat ihnen helfen können, berichteten sie dankbar. Und doch: Im Segen erhofften sie sich noch etwas anderes: Sie waren in die Kirche gekommen, weil sie Gottes schützende Hand spüren wollten.

Ich wünsche Ihnen und Ihrer Partnerschaft den Segen Gottes!

37

Jahrestag Nine/Eleven

Unauslöschlich haben sich die Bilder der brennenden und zusammenstürzenden Türme des World Trade Centers in New York in unser Bewusstsein gebrannt. Und jedes Jahr am Jahrestag erschauern wir noch immer ob dieser Wahnsinnstat verblendeter arabischer Terroristen.

Das Attentat hat die Welt nachhaltig verändert und wurde zu einer Herausforderung für unser Verhältnis zum Islam. Nicht wenige machten die Religion der Muslime pauschal verantwortlich für die Aggression einzelner. Muslimische Mitbürger, die seit Jahren und Jahrzehnten friedlich zusammenleben, mussten sich des Verdachtes erwehren, ihre Religion fördere den Hass und erschwere das Zusammenleben mit Andersgläubigen. Andere machten generell die Religionen verantwortlich für den Unfrieden in der Welt.

Damit aber tut man den Religionen Unrecht. Christen, Juden und Muslime glauben an den einen Gott, der alles erschaffen hat und alles zu einem guten

Ziel führen will. Er ist nicht der Stammesgott einer Volksgruppe oder einer Region. Er gehört weder dem Abendland noch dem Morgenland. Der Zusammenprall der Kulturen, der immer wieder an die Wand gemalt wird, ist eine Folge sozialer Spannungen und ideologischer Konflikte, nicht der Religionen.

Dabei ist nicht zu bestreiten, dass sich in den Heiligen Büchern unserer Religionen Erzählungen von ungeschminkter Gewalt finden. Sie mahnen uns zu einer ständigen Prüfung und Interpretation: Vor welchem zeitgeschichtlichen Hintergrund entstanden diese Schriften, worin besteht ihre bleibende Bedeutung und wie können wir sie neu verstehen?

In der Bergpredigt nennt Jesus diejenigen selig, die Frieden stiften. Und auch im Koran wird unterstrichen, dass der Einsatz für ein friedliches Miteinander eine bleibende und unverzichtbare Aufgabe ist.

Der Jahrestag Nine/Eleven könnte für uns alle ein Ansporn sein, neu über die friedensstiftende Kraft der Religionen nachzudenken und Zeichen des Vertrauens und der guten Nachbarschaft zu setzen.

38

Der Name Gottes

Das, was uns als Christen leben lässt – ich meine: wirklich leben lässt – das will der Herr uns noch einmal im Evangelium am Fest Kreuzerhöhung zeigen. Er sei – so sagt er uns da – gekommen, um den Namen Gottes zu offenbaren. Genau darin bestehe sein Werk, das er zu vollbringen habe: Den Vater auf Erden zu verherrlichen, jetzt, da die Stunde gekommen sei, in der er am Kreuz erhöht werden solle.

Ich weiß nicht, wie es Ihnen damit geht. Aber das ist doch unfassbar: Dass in der Erhöhung am Kreuz der Name Gottes für uns Menschen am deutlichsten offenbar werden soll. Dabei hatte dieser ihn ja schon im Alten Bund den Menschen offenbart – aus dem brennenden Dornenbusch heraus – Sie erinnern sich: Jahwe ist mein Name – so hatte er zu Mose gesagt. Und das bedeutet: „Ich bin da" – für euch. Der, der da aus dem Dornbusch redete, welcher brannte und doch nicht verbrannte, der „ich bin da" – für euch, der wird jetzt in Jesus Christus zu dem, der rettet –

endgültig rettet, einzig und allein rettet. Jesus – der Name – heißt denn auch: „Gott rettet!" Das ist Gottes Name, der uns Grund zur Hoffnung gibt!

Was das meint, können wir kaum ermessen. „Den einzigen und wahren Gott erkennen und den er gesandt hat, Jesus Christus" (Joh 17,3), das bedeutet so viel wie „das ewige Leben" empfangen, das ewige Leben, das Gott selber ist, Gemeinschaft zu haben mit Ihm, Anteil zu haben an Ihm und seinem Leben. Damit das geschehen kann, muss es uns vor allem um eines gehen: Wir müssen versuchen, bei allem, was wir tun und sagen, „im Namen Gottes zu bleiben", „die Worte Jesu aufzunehmen", und danach trachten, „Jesus als den Christus, als den Messias Gottes zu erkennen". Das ist gewissermaßen die Außenseite dieses unfassbaren Geschehens. In ihm, in Jesus Christus, nehmen wir Gott selbst in unser Innerstes, in unser Leben auf. Das ist die Mitte unseres Glaubens! Das ist der Dreh- und Angelpunkt des Christentums.

39

Wovon wir leben

Der Heilige Nikolaus von der Flüe gilt als der letzte große Mystiker des Mittelalters. Nach einer seiner Visionen und nach langen inneren Kämpfen zieht er sich als Einsiedler in den sogenannten Ranft zurück, einer tiefen Schlucht in der Nähe seines Wohnhauses. Seine Beschäftigung dort? Schweigen, um auf Gott zu lauschen. Schweigen und Beten, um dessen Willen zu erkennen, um aus diesem zu leben, so dass dieser zu seiner eigentlichen Nahrung wird.

Schon Jahre zuvor hatte Bruder Klaus ohne jegliche leibliche Nahrung gelebt. Neugierigen, die ihn wegen seines Fastens ausfragen wollten, antwortete er immer zurückhaltend: „Gott weiß es." Mit seinem Fasten steht Klaus in einem wohltuenden Kontrast zum genuss- und wundersüchtigen Spätmittelalter. Er ist kein Kostverächter – weiß Gott nicht. Er weiß durchaus um die Freude einer liebevoll zubereiteten Mahlzeit. „In einem jeden Brot ist die Gnade des Allmächtigen Gottes verborgen", sagt er einmal. Es ist die Erfahrung, die andere Mystiker auch gemacht haben: „Ich esse Gott in allen Bissen Brot“, sagen sie. Die andere Seite der Medaille jedoch ist: Klaus weiß umgekehrt darum, dass der Mensch nicht vom Brot allein lebt, sondern von jedem Wort, das aus dem Munde Gottes hervorgeht (Dtn 8,3; Mt 4,4).

Wovon leben wir? Vom Haben? Vom Geld haben, vom Freunde haben, vom Bücher haben, von Anerkennung haben, Geltung haben, Einfluss haben, Macht haben, Liebe haben. Wovon leben wir wirklich? Bruder Klaus leistet uns hier einen unschätzbaren Dienst. Er erinnert uns. Er erinnert uns daran, über all unserem Tun nicht „das Wort“ zu vergessen, das aus dem Munde Gottes hervorgeht und das allein leben lässt, leben lässt, weil es allein menschlichem Leben Sinn, Orientierung, Würde, Halt, Tiefe, Glück, Liebe, Annahme, im letzten das Leben schenkt, das Gott selber ist.

Bruder Klaus erinnert uns, mit gläubigem Ohr in die Abläufe unseres Alltages und dessen Zufälle, erst recht in die großen Vorkommnisse unseres Lebens hineinzuhorchen. Dann wächst aus dieser Tiefe neues Leben für einen jeden von uns und für die Welt.

40

In Würde alt werden: Geht das?

Die Zahl der Hundertjährigen hat sich in den letzten zehn Jahren in Deutschland verdoppelt. Der aktuellen „Hundertjährigen-Studie“ zufolge geht es den meisten auch noch ausgesprochen gut, sie haben Freude am Leben.

Mit den Bildern von rüstigen Rentnern, die sich an der Uni einschreiben, um geistig fit zu bleiben oder Hochgebirgstouren unternehmen, hat das aber nichts zu tun. Die Hundertjährigen stehen nicht für den Traum von der ewigen Jugend, für die, die nicht Abschied nehmen können von der Jugend.

In Würde alt werden, dazu gibt die Studie viele Beispiele von Menschen, die viel erlebt und ihren Frieden gefunden haben. Sie wissen, dass ihr Leben endlich ist, haben aber deswegen nicht resigniert.

In Würde alt werden, dazu hat auch die Bibel einen Vorschlag: „Unsere Tage zu zählen, lehre uns, Herr. Dann gewinnen wir ein weises Herz“, schlägt Psalm 90 vor.

Als Papst Franziskus nach seiner Wahl zum ersten Mal die Loggia des Petersdoms betrat, sagten manche spontan: „Wieder so ein alter Herr – für dieses schier übermenschliche Amt!“ Papst Franziskus ist in vorgerücktem Alter, keine Frage. Doch muss das nicht von Nachteil sein: Ich denke an das „weise Herz“, von dem die Bibel schreibt; das Zählen der Tage, also der realistische Blick auf die eigene Endlichkeit, zerstört die Illusionen über das Leben: Die Zeit entschwindet, die Jahre erscheinen immer kürzer, je älter man ist.

Und genau diese verrinnende Zeit hat große Bedeutung. Der Schriftsteller Jean Paul sagt: „Die Zeit ist die Larve der Ewigkeit.“ Wie aus der Larve der Schmetterling hervorgeht, soll aus unserer Zeit die Ewigkeit entbunden werden. Im Tod wird das Leben nicht vernichtet, sondern verwandelt. Dieser christliche Blick ermöglicht es, sich mitten im diesseitigen Leben auf das jenseitige vorzubereiten, auf die Ewigkeit bei Gott. Das Schönste liegt nämlich immer noch vor uns.

OKTOBER

NOVEMBER

DEZEMBER

41

Erntedank: Mit Gott und Sonnenschein

„Ohne Gott und Sonnenschein bringen wir die Ernte ein." Mit einer solchen Parole wollte man in der DDR den Glauben an Gott, den Schöpfer, lächerlich machen und als historisch überholt abtun. Damals setzte ein Pfarrer dagegen: „Ohne Sonnenschein und Gott geht die ganze Welt bankrott" – und hatte die Lacher auf seiner Seite.

Seit Mitte September werden in manchen Regionen Erntefeste gefeiert. Erntekronen werden geflochten und Strohpuppen aufgestellt, man kann alte Dreschflegel ausprobieren oder aus Kürbissen Figuren schnitzen. Manche Erntefeste beginnen mit einem Gottesdienst auf einer Wiese oder in der Dorfkirche. In den Kirchen heißt das Erntefest Erntedankfest. Die Christen danken Gott für die Gaben der Ernte.

Dieses Fest hat zwei Quellen: Solange sich der Mensch als Teil einer göttlichen Schöpfung begreift, führt er auch seine Nahrung aus Ackerbau und Viehzucht auf Gott zurück und weiß sich ihm gegenüber zu Dank verpflichtet.

Das gilt vor allem dann – und das ist die zweite Quelle des Festes –, wenn sich der Mensch als abhängig vom Naturkreislauf erfährt; wenn er spürt: Es liegt nicht allein in der Hand der Menschen, über ausreichend Nahrungsmittel zu verfügen.

„Unser tägliches Brot gib uns heute" – für die meisten von uns gibt es das selbstverständlich und oft im Überfluss. Andere gehen „containern": Sie suchen in den Abfallcontainern der Supermärkte nach Essbarem. So alltäglich ist das täglich Brot also gar nicht.

In einer Zeit, in der die ökonomische Betrachtung dieser Welt immer mehr durch die ökologische ergänzt wird, tut die Rückbesinnung auf die Abhängigkeit von der Natur und auf die Dankbarkeit Gott gegenüber gut. Das Erntedankfest ist ein Gradmesser für dieses gesellschaftliche Bewusstsein. Es ist gut und richtig, „die Frucht der Erde und der menschlichen Arbeit" als Gottesgeschenk zu sehen.

42

Weltflucht der Christen?

Wie stehen Kirche und Welt zueinander? Papst Benedikt XVI zum Beispiel warnte in seinem Pontifikat mehrfach vor einer Anpassung der Kirche an die Welt. Die Kirche laufe immer wieder Gefahr, sich in der Welt einzurichten und sich den Maßstäben der Welt anzugleichen, so der Papst. Dies schade aber ihrem missionarischen Zeugnis und ihrer Glaubwürdigkeit.

Die christliche Gemeinde verstand sich von ihren Anfängen an als Kontrastgesellschaft. „Ihr wisst, dass die, die als Herrscher gelten, ihre Völker unterdrücken und die Mächtigen ihre Macht über die Menschen missbrauchen. Bei euch aber soll es nicht so sein, sondern wer unter euch groß sein will, der soll euer Diener sein, und wer bei euch der erste sein will, soll der Sklave aller sein." (Mk 10,42–44) Mit diesem Satz hat Jesus das Kontrastprogramm der Christen umschrieben. „Anders" als üblich sollen die Christen sein, nicht nach Macht und Establishment streben, sondern dienen, ja sogar Sklavendienste nicht zurückweisen.

Die Kirche hat diesen Auftrag Jesu immer ernst genommen und ist heute anerkannter Akteur im großen Bereich der Fürsorge und des sozialen Engagements. Wenn Benedikt XVI. von einer notwendigen „Ent-Weltlichung" der Kirche spricht, dann meinte er nicht, dass die Kirche sich aus weltlichen, politischen und sozialen Wirklichkeiten zurückziehen oder gar im Schmollwinkel verharren sollte. Vielmehr muss sie sich immer wieder neu befreien von Konventionen und Gewohnheiten, die dem Auftrag des Evangeliums nicht entsprechen und das Zeugnis des Glaubens verdunkeln.

Wir haben am 4. Oktober den Gedenktag des Heiligen Franz von Assisi begangen. Er war als junger Mensch eine Art Playboy, ein reicher Erbe. Dann kam er mit der Botschaft des Evangeliums in Berührung und hat sein Leben radikal an Gott hingegeben. In Armut und Demut fand er zusammen mit seinen Getreuen einen Platz in der Gesellschaft und wurde so zu einem Zeichen der Hingabe. Seine Botschaft richtet sich nicht nur an die anderen, an „die Welt", sondern auch an die Kirche selbst und ihre Repräsentanten als Mahnung und Ansporn.

43

Es gibt das Ehrenamt – Gott sei Dank!

Der Bahnhof wird immer unpersönlicher. Automaten ersetzen Menschen, Personal wird abgebaut. Dass die Menschlichkeit zum Zuge kommt, dafür sorgen die Mitarbeiter der Bahnhofsmission. Und das auch, wenn die Lokführer streiken. Die Bahnhofsmission arbeitet mit ehrenamtlichen Helfern. Andere gehen zu Patienten im Krankenhaus, die sonst keinen Besuch hätten. Kältehilfe für Obdachlose wird organisiert, Kindern bei den Hausaufgaben geholfen, Jugendliche bei der Suche nach einem Ausbildungsplatz unterstützt. Der eine engagiert sich bei der Freiwilligen Feuerwehr, der andere dafür, dass Schulkinder ein warmes Mittagessen haben. Und manche sorgen für Frieden auf dem Fußballplatz.

Die vielen kleinen und großen Dienste, die unentgeltlich und ohne auf die Uhr zu schauen geleistet werden, helfen den Menschen, den Alltag zu bewältigen oder in einer schwierigen Situation nicht zu verzweifeln.

Und das Schöne am Ehrenamt ist: Jeder kann die Zeit, die er zur Verfügung stellen will, so einsetzen, wie es ihm selber ums Herz ist, und dort, wo er seine Talente sinnvoll einbringen kann. Denn Gott hat jeden, wirklich jeden, mit Talenten beschenkt – vielleicht hat ja mancher diese Geschenke nur noch nicht ausgepackt.

Rund 12 Millionen Menschen in Deutschland engagieren sich freiwillig. Gäbe es die ehrenamtlichen Helfer nicht, wäre die Gesellschaft arm dran. Seien wir froh, dass es Menschen gibt, die nicht gleich nach dem Staat rufen, sondern selber anpacken, ihre Ideen einbringen, Zeit und Geld spenden und so freiwillig die Welt verändern.

Bürgerschaftliches Engagement ist und bleibt Ehrensache. Doch genauso ist es Ehrensache, diese Leistungen anzuerkennen.

Als Erzbischof von Köln danke ich allen, die sich ehrenamtlich für ein gutes Zusammenleben einsetzen. Danke! Ohne Sie alle wäre es kälter in unserer Stadt.

44

November: Der Monat mit dem Trauerrand

Die dunkle Jahreszeit ist da. Nebel, Nieselregen – November, der „Monat mit dem Trauerrand“. In dieser dunklen Zeit leuchten ausgerechnet die Friedhöfe, weil auf vielen Gräbern Kerzen brennen, zum Beispiel am Gedenktag Allerseelen. Die Lichter zeigen: Familien und Freunde besuchen die Gräber ihrer Toten. Und beten für sie, weil sie glauben, dass die Verstorbenen bei Gott, in seinem Licht sind. Alles, was ein Mensch in seinem Innersten war, seine Fröhlichkeit und seine Traurigkeit, sein Mut und seine Ängste, alles, was in seiner Seele lebte, ist nun bei Gott.

Friedhöfe sind Spiegelbilder der Gesellschaft, heißt es. Man sehe es einem Friedhof an, ob er ein Ort ist, an dem Lebende und Tote sich treffen, oder eine „letzte Deponie“. Wenn jemand sagt, er wolle anonym bestattet werden, zucke ich innerlich zusammen. Als Begründung heißt es meist, den Hinterbliebenen soll die Grabpflege erspart bleiben, denn die kostet viel Zeit und noch mehr Geld. Außerdem seien heutzutage die Familien klein und die berufsbedingte Mobilität groß, die Zeit für Familiengräber sei also vorbei. Klingt vernünftig, ist emotional aber bedenklich: Denn wer anonym bestattet wurde, ist dem Gedenken der Gemeinschaft entzogen. Es gibt keinen Ort für das Grablicht. Keinen Ort der Begegnung der Lebenden und der Toten. Die Enkel wissen nicht, wo die Großmutter beerdigt ist. Sie können keinen Blumenstrauß aufs Grab stellen und ihr nicht, so wie früher, anvertrauen, was sie auf dem Herzen haben.

Möglicherweise geht es beim Wählen anonymer Bestattungsformen ja auch gar nicht wirklich ums Geld: Vielleicht ist es ein Ausweichen vor den Fragen nach Tod und Ewigkeit? Christliche Überzeugung ist es, dass der Mensch einen un-endlichen Wert hat, einen Wert über den Tod hinaus. Weil Gott ihm eine ewige Wohnung bereitet, wie es Jesus Christus versprochen hat. Und diese Wohnung ist keineswegs anonym. Die Grablichter auf den Friedhöfen erzählen davon.

Wenn Sie in diesen Tagen die Gräber Ihrer Angehörigen aufsuchen, wünsche ich Ihnen, dass es eine gute Begegnung werde mit denen, die Ihnen vorausgegangen sind in ihr ewiges Zuhause bei Gott.

45

Die Tragik des Suizids

Der Suizid ist die häufigste nicht natürliche Todesursache in Deutschland. Rund zehntausend Menschen ziehen jedes Jahr diesen Schlussstrich unter ihr irdisches Leben. Der Begriff Suizid, übersetzt: Selbsttötung, bezeichnet die Tat, ohne sie moralisch zu bewerten. Er lässt offen, welche Motive und Lebensgeschichten sich dahinter verbergen. Denn Wissenschaftler – übrigens auch die Theologen – sind sich heute einig: Menschen nehmen sich nur selten aus freiem Willen das Leben. Die meisten Suizide sind Verzweiflungstaten, etwa Fluchten aus schweren seelischen Krisen oder aus unheilbaren Krankheiten. Und etliche Selbsttötungen sind Hilferufe, hinter denen eher die Sehnsucht nach Zuwendung als der Todeswunsch steht.

„Hallo Jule, ich lebe noch!" heißt ein Film über Jugendliche, die ihrem Leben ein Ende setzen wollen. Er gibt Einblick in das Gespräch zwischen der suizidgefährdeten Anna und ihrer jugendlichen Beraterin Jule. In sensiblen Bildern wird aus den Lebensgeschichten der beiden Mädchen erzählt. Von Jules eigenen Erfahrungen und ihrem Weg aus der Krise. Von Annas Plan, sich zu töten. Und von Jules Hoffnung, Anna möge sich für das Leben entscheiden.

Die Jule im Film ist Online-Beraterin bei der Caritas. Auf der Homepage der Beratung für Menschen unter 25 Jahren steht als Begrüßung „Schön, dass Du da bist". Weiter heißt es: „Du siehst keinen Ausweg, denkst daran, Dir das Leben zu nehmen? Oder machst Dir Sorgen um einen Freund, eine Freundin? Wir sind für Dich da." „Wir", das sind junge Leute, die – entsprechend ausgebildet und professionell unterstützt –, suizidgefährdeten Jugendlichen über E-Mail-Kontakt helfen.

Auf diesem Weg haben sich Anna und Jule kennengelernt. Und eines Tages schreibt Anna: „Hallo Jule, ich lebe noch." Die Beraterin hat ihr vermitteln können: Das Dunkel, das sie umschlossen hält, ist kein bodenloses schwarzes Loch. Es ist ein Tunnel, der einen Ausgang besitzt.

46

Menschenwürdig sterben

Ein Leben ohne intellektuellen Austausch war für den Mann unvorstellbar. Jetzt leidet er an schwerer Demenz. Er ist unfähig zu sprechen, zu schreiben, zu lesen. Sein Zustand ist schrecklicher, als er ihn sich vorgestellt hat an dem Tag, an dem er die Patientenverfügung formulierte. Dennoch ist sich seine Frau sicher: Ihr Mann hängt auch jetzt am Leben, also dass er nicht um Sterbehilfe, sondern um Lebenshilfe bittet. Sie weiß von Momenten, die ihm ganz offensichtlich Freude machen, zum Beispiel, wenn sie ihm beim Haare waschen den Kopf massiert. Oder wenn er sein Lieblingslied im Radio hört. Wie er sich da äußert, das kann doch kein Todeswunsch sein, denkt sie.

Wenn ein Mensch seinen Willen nicht mehr kundtun kann, gilt der von ihm in der Patientenverfügung erklärte Wille, das entspricht dem Selbstbestimmungsrecht des Menschen. Nach christlichem Verständnis muss dieses Recht mit der Fürsorge um den Patienten verbunden werden. Beides muss aufeinander bezogen sein – der vorab geäußerte Wille und die aktuelle Krankheitssituation. Solches Zusammenwirken von Selbstbestimmung und Fürsorge gewährleistet das Wohl des Patienten an dessen Lebensende am besten. Der Wunsch unheilbar Kranker ist nämlich nicht zu sterben, sondern nicht zu leiden, wie mir Seelsorger und Seelsorgerinnen aus Krankenhäusern oder Pflegeheimen bestätigen.

Die Patienten fürchten sich vor Atemnot und Schmerzen und davor, allein zu sein, wenn das irdische Ende naht. Wir brauchen also eine starke Palliativmedizin, damit es uns als Gesellschaft gelingt, Sterbende würdevoll in den Tod zu begleiten. Mit Menschen an ihrer Seite, die bei ihnen bleiben und sich ihnen sowohl liebevoll als auch professionell zuwenden. Ich wünsche uns, dass wir genau diese „Kultur des Dabeibleibens" im Blick behalten: damit Menschen menschenwürdig sterben.

47

Geben ist seliger denn Nehmen

In diesen Tagen, wenn bereits die ersten Weihnachtsmärkte in unseren Städten eröffnen, denken wir besonders ans Schenken. Schenken macht glücklich, da sind sich die Sozialpsychologen einig. Aktuelle Studien belegen: Es besteht ein Zusammenhang zwischen dem persönlichen Glück und dem Aufwenden von Geld, Zeit und Talenten für andere. Wer für andere da ist, ihnen Freude schenkt, stabilisiert sich damit selbst und zwar sowohl seelisch als auch psychosozial. Man fühlt sich gut. Weil alles, was von Herzen kommt, zufrieden macht und Glückshormone freisetzt. Das kann die Aufmerksamkeit für die Reinigungskraft im Betrieb sein oder ein Gutschein für einen Ausflug mit den Enkeln zum Erlebnispark.

„Geben ist seliger denn Nehmen", das wusste schon die Großmutter. Mit den Studien zum persönlichen Glück ist das Bibelwort nun sozusagen wissenschaftlich belegt. Der Apostel Paulus zitiert Jesus Christus mit diesem Satz. Er erinnert die Christen daran, großzügig zu sein und ein Herz für die sozial Schwachen zu haben, zu beherzigen, was sie von Jesus gelernt haben.

Heute ist das Schenken manchmal eine Pflichtübung oder dient der Status- und Beziehungspflege. Früher hatte es dagegen mehr symbolischen Charakter. Man schenkte den Armen zu Weihnachten etwas zum Essen und Trinken – damit sie den Geburtstag Jesu Christi mitfeiern konnten. Seit der Reformation wurden in Deutschland auch die Kinder bedacht, mit „Äpfel, Nuss, Mandelkern". Seit Weihnachten im 19. Jahrhundert in der Zivilgesellschaft zum Familienfest wurde, beschenkten sich auch die Erwachsenen untereinander. Dabei gingen die Geschenke deutlich über das Lebensnotwendige hinaus: Ein Buch, Süßigkeiten oder Spiele lagen auf dem Gabentisch. Sie sollten die Freude vermitteln, die das Geheimnis der Heiligen Nacht vermittelt.

Geschenke sollen uns an das erste und größte Geschenk, das Gott selbst uns allen mit der Geburt seines Sohnes gemacht hat. Deshalb kündet jede Gabe, die von Herzen kommt, von der Liebe Gottes, die in Jesus Christus Mensch geworden ist. Und deshalb ist Geben seliger als Nehmen.

48

Advent: Wartezeit mit großem Ziel

„Wie lange dauert's denn noch bis Weihnachten?", fragt das Mädchen im Supermarkt und schaut auf die Schokoweihnachtsmänner. „Da müssen wir noch eine Weile warten", sagt die Mutter, „so lange, bis alle Türchen an deinem Adventskalender offen sind. Dann kommt das Christkind." Der Advent ist eine Wartezeit, denn Geschenke gibt's erst zu Weihnachten. Bis dahin müssen sich die Kinder in Geduld üben, was bekanntlich schwer fällt. Nicht nur Kinder, auch Erwachsene warten ungern. Der Kabarettist Dieter Hallervorden nimmt es mit Humor, wenn er sagt: „Die Wartezeit, die man bei Ärzten verbringt, würde in den meisten Fällen ausreichen, um selber Medizin zu studieren."

Es gibt aber auch ein hoffnungsvolles Warten, dann nämlich, wenn man ein großes Ziel vor sich hat – die Geburt eines Kindes oder der Einzug ins neue Haus. Solche Wartezeit ist gefüllt mit Vorfreude auf das Kommende. Zumal man ja weiß, dass man das wirklich Wichtige im Leben fast nie erzwingen kann. Es braucht seine Zeit zum Wachsen und Reifen. Warten zu können kann einem helfen, zur richtigen Zeit das Richtige zu tun.

Das Wort „Advent“ bedeutet „Ankunft“. Im Vaterunser heißt es – auf Latein: „Adveniat regnum tuum“ – „Dein Reich komme“. Wer das Vaterunser betet, bittet also darum, das Reich Gottes möge anbrechen. Freude und Versöhnung, Friede und Gerechtigkeit sind möglich, wo Menschen sich auf Gott einlassen und mit ihm rechnen.

Der Mensch sehnt sich danach, anzukommen. Für immer anzukommen am Ende dieses Weges, den der Advent aufzeigt mit seinen Lichtern und Liedern, mit Adventskranz und Adventskalender: ankommen im Reich Gottes. In Jesus von Nazaret ist Gott Mensch geworden. Das Jenseits ist ins Diesseits eingetaucht, damit Himmel und Erde sich berühren können. Und damit wir unser großes Ziel, das Kommen Gottes, nicht aus dem Blick oder aus dem Gespür verlieren, steht alle Jahre wieder „Advent“ im Kalender.

Ich wünsche Ihnen adventliche Vorfreude beim Entzünden der ersten Kerze am kommenden Sonntag!

49

Zeit der Sehnsucht nach Weihnachten

Rund 18 Prozent der Deutschen wollen das Weihnachtsfest abschaffen. Sie klagen, das Fest verursache durch die vierwöchige Vorbereitungszeit und zu hohe Erwartungen an ein so genanntes Fest der Liebe zu viel Stress. Ein anderer Grund, sich Advent und Weihnachten zu verweigern, heißt, sie seien „sinnentleert". Und ohne um einen Sinn zu wissen, ist es ja auch seltsam, im Schneeregen heißen Rotwein zu trinken, Fenster mit Lichtquellen auszustatten, die man gar nicht braucht, und am 24. Dezember unter einer abgesägten Tanne Geschenke zu deponieren.

Bleibt aber doch die Mehrheit der Deutschen, die das Weihnachtsfest will – unter ihnen Christen wie Nichtchristen. Auch Muslime bei uns in Deutschland sagen, sie nähmen adventliches Brauchtum wahr, zumindest solange ihre Kinder hier zur Schule gehen. Ob also christgläubig oder nicht: Man will dazugehören.

Christen feiern zu Weihnachten, dass in dem Kind Jesus Gott ein Mensch geworden ist. Warum aber schwingen sich Nichtchristen ein in die Feststimmung der Christen? Vielleicht weil sie spüren: Die Menschwerdung Gottes hat mit jedem Menschen zu tun. Denn jeder erfährt sich als Person – und das ist weit mehr als ein Lebewesen mit Personalausweis und Steuernummer. Der Mensch ist geschaffen nach dem Bild Gottes. Deshalb kann er lieben und sich freuen, er kann mitfühlen, hoffen und trauern. Eingebunden ist er in die Geschichte der Menschheit und ihre ewige Sehnsucht nach Frieden. Jesus Christus ist so ein Mensch geworden. In ihm hat Gott sich mit jedem von uns verbunden. Ob der Einzelne das nun glaubt oder nicht, zumindest spüren kann er es.

Das Geheimnis des Advents, all der Vorfreude und des einander Überraschens liegt in der Krippe: Das göttliche Kind von Betlehem war und ist die große Überraschung.

50

Geboren, nicht gemacht

In 14 Tagen ist es so weit. In den Kirchen der ganzen Welt wird die Weihnachtsbotschaft verkündet „Euch ist in der Stadt Davids der Retter geboren; es ist der Messias, der Herr. Und das soll Euch als Zeichen dienen: Ihr werdet ein Kind finden, das, in Windeln gewickelt, in einer Krippe liegt."

Die Welt schaut auf ein Neugeborenes. Im Zentrum der Weihnachtsgeschichte steht die Geburt des Kindes. Im Mittelpunkt der Krippe liegt das Jesuskind. Zum Beispiel die Kölner Stadtkrippe, die auf Initiative der Krippenfreunde Region Köln e.V. seit 1997 vor dem Dom auf dem Roncalliplatz mit Hilfe des Weihnachtsmarktes aufgestellt wird. Die Krippe ist Teil des 19. Kölner Krippenweges, der bis zum Dreikönigsfest an verschiedenen Stationen begangen wird.

Die Geburt spielt mindestens zwei Mal im Jahr eine große Rolle: zu Weihnachten und am Geburtstag. Beide Feste korrespondieren miteinander. Weihnachten feiern wir den Geburtstag Jesu Christi und dass wir alle, Hirten wie Könige, Kinder Gottes sind. Am Geburtstag feiern wir unsere individuelle Gotteskindschaft. Denn jeder Mensch ist einmalig; er ist von Gott gewollt und von ihm geliebt.

Manche meinen, wenn die Gentechnik über uns kommt, verschwindet das alte Bild, das der Mensch von sich hat. Oder schlimmer noch: Der Mensch würde anders. Denn er wäre ja nicht mehr „geboren", sondern „gemacht", programmiert nach innerweltlichen Vorstellungen und Werten. Er wäre nicht mehr „von Gottes Gnaden".

Damit der Mensch sich entscheiden kann, ob er „von Gottes Gnaden" sein will, kam Gott als Kind zur Welt. In der Gestalt des Kindes vertraut Gott sich uns an und hofft, dass wir dieses Kind schützen mögen wie Eltern ihr Neugeborenes behüten. Die Weihnachtsbotschaft heißt: Die Welt ist nicht Gott-verlassen. Gott wurde Mensch, um mitten unter uns zu sein.

51

„Treffen wir uns an der Krippe"

Was ich tun würde, wenn ich an Heilig Abend feststellte, dass ich eine wichtige Weihnachtsgrußkarte vergessen habe, so wurde ich gefragt. Früher, so habe ich geantwortet, hätte ich wohl einen nachweihnachtlichen Brief zum Jahreswechsel geschrieben, versehen mit Entschuldigungen und Erklärungen. Heute würde ich vielleicht eine E-Mail schicken oder eine SMS. Die käme wahrscheinlich noch rechtzeitig an.

„Treffen wir uns heute Abend an der Krippe", würde ich schreiben. „Lasst es uns machen wie die Hirten, eilen wir zu dem Kind in der Krippe. Denn dort liegt unser Gott." Man braucht nicht einmal 140 Zeichen, um den Kern der Weihnachtsbotschaft zu formulieren. Andere haben es noch kürzer ausgedrückt: Gott wird menschlich, damit der Mensch göttlich wird.

Es ist eine wahrhaft kurze Botschaft, und doch bewegt sie uns wie kaum eine andere. Romantiker und Nüchterne, Fromme und Skeptiker, Gebildete und schlichte Gemüter. Weil es eine Verheißung ist, eine Hoffnung, eine schöne, freundliche, lebenszugewandte Botschaft wie aus einer anderen Welt.

Eine Botschaft, die uns in Bewegung bringt. Sie ist die Kraft, die uns motiviert zu Freundlichkeit, zu Aufmerksamkeit, zu gegenseitigen Besuchen und Geschenken. Weihnachten ist eine Art Glücksdroge für Herz und Seele.

Und wie beim Drogenkonsum auch, kann man davon süchtig werden. Jedes Jahr von Neuem erfasst uns der Rausch der Lieder und Klänge, der Düfte und Aromen, der Geschenke und Aufmerksamkeiten. Wir können nicht genug davon bekommen, weil der Grund des Festes so unerschöpflich ist.

Für die verbleibende Zeit des Vorbereitens auf den Geburtstag Gottes wünsche ich Ihnen alles Gute!

52

„Fürchtet Euch nicht!"

Die meisten von uns kennen die Weihnachtsgeschichte. Doch oft klingt sie wie eine Erzählung aus einer „heilen Welt", die sich zu allem Überfluss auch noch mit den eigenen Kindheitserinnerungen verbindet. Der Weg einer schwangeren Frau nach Betlehem, die Geburt im Stall, später die Flucht der Familie nach Ägypten: All das wird gern mit dem Zuckerguss der Nostalgie überzogen.

Die Botschaft der Heiligen Nacht ist aber nicht nur himmlisch, sie ist auch sehr irdisch. Engel verkünden den Hirten auf den Feldern die Geburt des ersehnten Messias. Ob auch Maria und Josef diesen Engelschor gehört haben? Wohl kaum. Von Maria wird in der Bibel berichtet: „Sie bewahrte alles, was geschehen war, in ihrem Herzen und dachte darüber nach." Worüber mag sie nachgedacht haben – darüber, dass Gott Kind wird, dass er in Armut Mensch wird und als erstes die Armen zu ihm gerufen werden?

Immer wieder tröstet und ermutigt die Botschaft der Engel. Auch wenn gerade der Heilige Abend für viele Menschen schwer ist, weil Leid, Armut oder Einsamkeit sie bedrücken. „Fürchtet Euch nicht!“ Das galt damals zuerst den Hirten, heute gilt es zuerst den Obdachlosen, die in Abfallcontainern nach Verwertbarem suchen, und den Flüchtlingen, die keiner wirklich will. Der Trost gilt den alten Menschen, die sich abgeschoben fühlen, und den Familien, in denen die Armut vererbt wird. Die Botschaft der Heiligen Nacht gilt all jenen, die sich selbst nicht aushalten können.

Die Weihnachtsgeschichte erzählt von Menschen, die nicht willkommen waren – weder in den Häusern noch in den Herzen. Menschen aller Zeiten haben diesen Text aber auch stets gelesen als eine Aufforderung Gottes, sich einzusetzen für andere, die leiden, die hungern und die obdachlos sind. Darin ist das Weihnachtsevangelium aktuell – in Betlehem, in Berlin, in Köln, in der Welt.

Ich wünsche eine segensreiche Heilige Nacht. Mein besonderer Gruß gilt allen, die einsam sind, und denen, die Schmerzen haben an Körper oder Seele!

53

Zwischen den Jahren: Zeit der guten Vorsätze

Private Besserungsvorhaben nennt man gute Vorsätze. Etwas soll besser werden, als es vorher war. Um Ideen für eine derartige Selbstoptimierung zu finden, geht man in sich und denkt ein wenig tiefer nach als im Alltagsstress üblich. Der bevorzugte Termin für diese Art Selbstbefragung ist Silvester. Im neuen Jahr soll alles besser werden, anders gesagt: Im neuen Jahr will ich mich bessern. Deshalb verspreche ich mir etwas, das ich für möglich halte: zum Beispiel mehr Sport treiben, die alt gewordenen Eltern öfter besuchen oder sich auf der Arbeit nicht mehr hetzen lassen. So weit, so gut.

Doch es dauert nicht lange, dann zerplatzen die meisten dieser löblichen Ansätze aus der Silvesternacht. Alte Gewohnheiten sind zäh. Der Geist ist willig, doch das Fleisch ist schwach. Und der so schwächelnde Mensch stellt fest: Mit meiner Vervollkommnung wird es wohl wieder nichts werden. Auch nicht im neuen Jahr. Denn die realistische Auseinandersetzung mit den eigenen Stärken und Schwächen beginnt spätestens am 2. Januar und dauert ein ganzes Jahr lang.

Gute Vorsätze sind ein Versuch, sich zu verändern, ein besserer Mensch zu werden. In solchen Wünschen und Hoffnungen macht sich die Seele ein wenig Luft. Denn der Alltag drückt. Da wäre es natürlich gut, gelassener zu werden, sich nicht von der Arbeit auffressen zu lassen, mit sich selbst ins Reine zu kommen.

Wichtig erscheint mir dabei: Wer sich ändern möchte, braucht eine liebevolle Einstellung zu sich selbst, er muss gnädig sein können – mit den anderen und auch mit sich selbst. Rechtsanwalt sollte man für sich sein, und nicht Richter. Denn Richter ist Gott allein. Und Gott wird, davon bin ich überzeugt, gnädig mit unserer Schwachheit sein.

Ich wünsche Ihnen einen frohen Silvestertag und für das uns erwartende neue Jahr den Segen Gottes. Gott begleitet uns!

Textnachweis

Falls nicht anders angegeben stammen die Texte aus den 14-täglichen Ansprachen, die Kardinal Woelki zwischen 2011 und 2014 im rbb-Hörfunk gehalten hat. Für die Buchveröffentlichung wurden die Texte redaktionell bearbeitet.

Nr. 7: aus: Ansprache im rbb-Hörfunk sowie aus: Kardinal Woelki zum „Vorhof der Völker" http://www.erzbistumberlin.de/wir-sind/erzbistum-im-ueberblick/bischoefe/rainer-maria-kardinal-woelki/kardinal-woelki-zum-vorhof-der-voelker

Nr. 8: aus dem Fastenhirtenbrief 2012

Nr. 9: Erstveröffentlichung

Nr. 38: aus der Predigt zur Einführung als Erzbischof von Berlin, https://www.erzbistumberlin.de/fileadmin/user_mount/PDF-Dateien/Erzbistum/Erzbischof/20110827Amtseinf%FChrungWoelkiPredigt.pdf

Nr. 39: aus: Predigt in der Eucharistiefeier am 25. September 2013 zur Herbst-Vollversammlung der Deutschen Bischofskonferenz

MIX
Papier aus verantwortungsvollen Quellen
FSC® C083411

www.herder.de

Umschlaggestaltung: wunderlichundweigand, Stefan Weigand
Umschlagmotiv: © Walter Wetzler
Satz: post scriptum, Emmendingen/Hinterzarten
Herstellung: CPI books GmbH, Leck

Printed in Germany

ISBN 978-3-451-33737-6